To Stefano

A Stefano

Paola Antonelli
Steven Guarnaccia

Achille Castiglioni

Corraini Editore

Achille Castiglioni is an internationally acknowledged master of design. His work, which has had a powerful impact on the history of the applied arts and has taught generations about good design, provides an overview of the characteristics that make design one of the highest expressions of twentieth-century creativity. For these reasons, when I dedicated to him an exhibition at the Museum of Modern Art in 1997, I wanted to make sure that everybody would really understand his work.

Images are the most universal of all languages. Moreover, only few people really enjoy reading exhibition wall texts. Yet, everyone will stop and look at a good picture. In my years as a Design Editor of Abitare, I had grown to know and appreciate the work of Steven Guarnaccia, a great illustrator and obviously a compatriot, albeit from New York. Steven would send each month the illustration for the opening page for Abitare and each month I was delighted by the way in which he was able to capture and communicate the vagaries of contemporary design.

I therefore called on my old friend to draw a picture for almost each of the 120 objects in the exhibition. His witty illustrations condensed in a few knowing lines the design story behind each object,

Achille Castiglioni è un maestro del design riconosciuto a livello internazionale. La sua opera, che ha avuto un forte impatto sulla storia delle arti applicate e ha insegnato il mestiere del buon design ad intere generazioni, fornisce una panoramica delle caratteristiche che rendono il design una delle più alte espressioni della creatività del ventesimo secolo. Per queste ragioni, dedicandogli nel 1997 una mostra al Museum of Modern Art, ho voluto accertarmi che tutti potessero effettivamente comprendere la sua opera.

Le immagini rappresentano la più universale delle lingue. Inoltre, sono pochissime le persone che amano leggere i testi di accompagnamento alle opere esposte in una mostra. Mentre tutti si fermano a guardare un'immagine particolarmente bella. Durante gli anni trascorsi come Redattrice per il design ad Abitare, avevo imparato a conoscere e apprezzare l'opera di Steven Guarnaccia, un eccellente illustratore, oltreché un compatriota, sebbene di New York. Ogni mese Steven mi inviava l'illustrazione della pagina di apertura per Abitare, e ogni mese rimanevo piacevolmente colpita dal modo in cui riusciva a catturare e comunicare le stravaganze del design contemporaneo.

Per questo motivo ho invitato il mio vecchio amico a disegnare un'immagine per quasi tutti i centoventi

from the genesis of the idea to the evolution of the project. Printed in the big labels that punctuated the gallery, they caught people's attention and led it effortlessly toward the much-dreaded curatorial text on the right of the same label. It was a big success. People were smiling, they were actually reading, and they were spending a longer time with each object.

Achille Castiglioni was born in 1918. During his fifty-two-year career, he has designed and collaborated on almost 150 objects, including lamps, stools, bookshelves, electrical switches, cameras, telephones, vacuum cleaners, and car seats. Several of his works, such as the Arco and the Brera lamps, are featured in the design collections of many museums. They are also familiar to many people who use them in their homes, even if Castiglioni's name may not be. The exhibition presented a wide selection of them, as well as three reconstructed rooms from 1957, 1965, and 1984.

Immediately after graduating from the Architectural School of the Polytechnic of Milan in the late 1930s, Achille Castiglioni's older brothers Livio and Pier Giacomo opened an office on the huge mezzanine of a building facing the Sforza Castle in Milan. As with many other Italian architects at that time, the lack of major architectural assignments led them to concentrate on smaller-scale design projects.

oggetti presenti alla mostra. Le sue estrose illustrazioni condensavano in poche linee sapienti la storia che era alla base di ciascun oggetto, dalla genesi dell'idea all'evoluzione del progetto. Stampate su grandi etichette disseminate per il museo, catturavano l'attenzione della gente accompagnandola senza sforzo verso il tanto temuto testo posto sulla destra della stessa etichetta. Fu un grande successo. La gente sorrideva, leggeva davvero, e trascorreva più tempo davanti a ciascun oggetto.

Achille Castiglioni è nato nel 1918. Nel corso dei cinquantadue anni della sua carriera ha disegnato personalmente o collaborato al design di quasi centocinquanta oggetti, tra cui lampade, sgabelli, librerie, interruttori elettrici, macchine fotografiche, telefoni, aspirapolvere, sedili di automobili. Diverse sue opere, come le lampade Arco e Brera, sono tra i pezzi principali delle collezioni di design di molti musei, e sono conosciute da tante persone che le usano nelle loro case, anche se magari il nome di Castiglioni non è a loro conosciuto. La mostra ha presentato una vasta selezione di questi oggetti, oltre ai tre ambienti ricostruiti del 1957, 1965 e 1984.

Subito dopo essersi laureato in architettura al Politecnico di Milano alla fine degli anni '30, i fratelli maggiori di Achille Castiglioni, Livio e Pier Giacomo,

Achille joined his brothers as a licensed architect after the close of World War II. In 1952, Livio left the office and set out on his own to design lighting and sound installations. Until Pier Giacomo's premature death in 1968, he and Achille worked together on a multitude of designs, both concentrating on the same task, rather than dividing up the work. Many of their objects, like the Arco and the Parentesi lamps, are still in production. The clarity and wit that characterizes their combined efforts is also evident in Achille's solo production from 1968 to the present day.

Castiglioni's creative method seems so lucid and logical it could be an example taken from a manual on the design process, but only a designer with skill and experience can achieve the leap from a sound, well-reasoned process to a beautiful working object. Castiglioni nonetheless acknowledges the standard principles of his practice: "Start from scratch. Stick to common sense. Know your goals and means." In other words, the designer must not take for granted any previous similar object, must understand the reason for creating a new product or improving an existing one, and must be aware of the available resources.

Castiglioni loves paradoxes and the new perception and wisdom they can engender. One example is Sella (saddle), the pivoting stool designed

aprirono uno studio nel vasto piano ammezzato di un edificio di fronte al Castello Sforza, a Milano. Come per molti altri architetti italiani del tempo, la mancanza di commesse architettoniche di un certo rilievo li portò a concentrarsi su progettazioni su scala limitata. Achille si unì ai fratelli, dopo essersi laureato in architettura, poco dopo la fine della Seconda Guerra Mondiale. Nel 1952, Livio lasciò lo studio e si mise in proprio, dedicandosi al design di apparecchi audio e per l'illuminazione. Fino alla morte prematura di Pier Giacomo, avvenuta nel 1968, lui e Achille lavorarono insieme a molti progetti, concentrandosi entrambi sullo stesso oggetto piuttosto che suddividersi i compiti. Molte delle loro opere, come le lampade Arco e Parentesi, sono tuttora in produzione. La lucidità e l'ingegno che caratterizzano i loro sforzi combinati sono evidenti anche nella produzione autonoma di Achille dal 1968 ad oggi.

Il metodo creativo di Castiglioni appare talmente lineare e logico che potrebbe essere un esempio tratto da un manuale sul design, ma solo un designer dotato ed esperto può compiere il balzo da un procedimento corretto e ben impostato a uno splendido oggetto funzionante. Tuttavia Castiglioni riconosce l'importanza dei principi standardizzati della sua arte: "Comincia da zero. Usa il buon senso. Sii consapevole degli

with Pier Giacomo in 1957. The Sella is made of a leather bicycle seat, a tubular metal stem, and a rounded cast-iron base. Its inspiration induces smiles: "When I use a pay phone," says the designer, "I like to move around, but I also would like to sit, but not completely." The design inspiration was in this case a new behavior, a deeper and more meaningful consequence of an object's combined form and function.

Each Castiglioni object is a different character. Castiglioni's ideas are often inspired by everyday things and "Design demands observation" has become one of his many mottoes. A street lamp was in fact the springboard for the brothers' famous Arco lamp, in which the light source is projected almost eight feet away from the marble base as if it were coming from the ceiling, while their Toio lamp (1962) was based on a car's front reflector. These ideas can come to him while he is working on another assignment, such as an exhibition design. They can also derive from technological advances, like the introduction of the thin fluorescent tube which suggested the Tubino lamp (1951).

Drawing on the classifications made by Paolo Ferrari in his 1984 book "Achille Castiglioni", Castiglioni himself divides his work into various

obiettivi e dei mezzi di cui disponi." In altre parole, il designer non deve dare per scontato nessun oggetto simile esistente, deve capire la ragione per cui creare un nuovo prodotto o migliorarne uno esistente, e deve essere conscio delle risorse disponibili. Castiglioni ama i paradossi e la nuova saggezza che questi possono generare. Un esempio è Sella, lo sgabello rotante su un perno disegnato con Pier Giacomo nel 1957. Lo sgabello è costituito da un sellino da bicicletta in pelle, uno stelo tubolare di metallo e una base arrotondata in ferro fuso. L'ispirazione induce al sorriso: "Quando uso un telefono pubblico", spiega il designer, "mi piace camminare, però vorrei anche stare seduto, anche se non completamente." L'ispirazione del design era, in questo caso, un nuovo comportamento, la conseguenza più profonda e significativa della combinazione di forma e funzione di un oggetto.

Ogni creazione di Castiglioni ha caratteristiche diverse. Le sue idee sono spesso ispirate agli oggetti quotidiani e la formula "per progettare bisogna osservare" è diventata uno dei suoi tanti motti. Un lampione visto per strada fu in effetti ispirazione per la famosa lampada Arco, in cui la luce è proiettata a quasi due metri e mezzo di distanza dalla base di marmo, come se scendesse dal soffitto, mentre la lampada Toio (1962) si basava sull'utilizzo del fanale anteriore di

groupings. The Sella belongs to the category of Ready-made Objects, as do the Mezzadro (1957)—a stool composed of a mass-produced tractor seat, a bent steel bar, a wood bar, and a wing screw—and the above-mentioned Toio lamp-made from a car reflector, a transformer that also works as heavy base, a formed metal handle, a hexagonal stem, three fishing rod rings, and a single screw. His Ready-made Objects evolve like living things: the components of the Mezzadro stool have been updated as the manufacture of tractor seats has changed without damaging the purity of the object.

Castiglioni refers to another grouping as Redesigned Objects, meaning traditional objects that he has perfected or updated according to current needs and technological developments. These include his personal takes on small outdoor café tables (Cumano, 1979), ashtrays (Spirale, 1971), glass globe ceiling lamps (Brera, 1992), and bedside tables (Comodo, 1989). The Minimalist group contains such subtle icons as the Luminator floor lamp of 1955, which is simply a bulb in a tube on a tripod-the tube just big enough to accommodate the socket and to contain the three thin legs during transportation-as well as the Fucsia hanging lamp of 1996, simply an upside-down glass cone with its edges sanded to protect the eyes

un'auto. Queste idee possono coglierlo mentre sta lavorando a un altro compito, come l'allestimento per una mostra. In altri casi derivano da progressi tecnologici, come l'introduzione del sottile tubo al neon che ha suggerito la lampada Tubino (1951).

Riprendendo la classificazione di Paolo Ferrari nel libro "Achille Castiglioni" del 1984, Castiglioni stesso suddivide il proprio lavoro in gruppi diversi. Lo sgabello Sella fa parte della categoria degli "oggetti ready-made", come il Mezzadro (1957) – uno sgabello composto dal sedile di un trattore prodotto su larga scala, una barra di acciaio piegata e una vite a farfalla – e la già descritta lampada Toio fatta con un fanale d'automobile, un trasformatore che serve anche da base pesante, un manico metallico curvato, uno stelo a base esagonale, tre anelli da canna da pesca e una sola vite. I suoi oggetti "ready-made" maturano come esseri viventi: le componenti dello sgabello Mezzadro sono state aggiornate man mano che la manifattura dei sedili da trattore è cambiata, senza danneggiare la purezza dell'oggetto.

Castiglioni fa riferimento a un altro gruppo di opere chiamandole "oggetti ridisegnati", intendendo con questa espressione degli oggetti tradizionali da lui perfezionati o aggiornati secondo le esigenze moderne e gli sviluppi tecnologici. Tra questi sono i tavolini

from the bulb's glare. The Snoopy table lamp of 1967, so named after its prominent beagle-like nose, and the anthropomorphic RR126 stereo system of 1966, endowed with eyes, movable ears, and a mouth, are two of his so-called Expressionistic Objects, while the sleek curvilinear shells of appliances like the 1956 Spalter vacuum cleaner and the 1968 VLM light switch are among his Integral Projects.

Although such classification is useful up to a point, what is most important is the fact that behind each of these varied and unique objects lies a story. The perceived need that inspired the object can be equated to the conflict central to any narrative, and the design itself then acts as the resolution, the happy ending.

Castiglioni's design approach can best be understood within the context of the cultural climate of which he was a product, and which he in turn helped to shape. Like other Italian designers and architects such as Marco Zanuso and Ettore Sottsass, he benefited from a fortuitous combination of trends that has made Italian design a worldwide force. In part because Italian culture has always been founded on a tradition of the fine arts and of skillful craftsmanship, and in part because the disruption of World War II had created a need for newly designed and produced

da esterni per bar (Cumano, 1979), i posacenere (Spirale, 1971), i lampadari a sfera di cristallo (Brera, 1992) e i comodini (Comodo, 1989). Il gruppo "minimalista" comprende "icone" raffinate come la lampada a pavimento Luminator, del 1955, che è semplicemente una lampadina in un tubo su un treppiede – il tubo è largo quanto basta per contenere il portalampada e le tre sottili gambe del treppiede durante il trasporto – e la lampada a soffitto Fucsia, del 1996, un semplice cono di vetro rovesciato con il bordo smerigliato per proteggere gli occhi dal riverbero della lampada. La lampada da tavolo Snoopy, del 1967, così chiamata per la forma sporgente, simile al muso di un bracchetto, e lo stereo antropomorfico RR126 del 1966, dotato di occhi, orecchie mobili e bocca, sono due dei suoi cosiddetti "oggetti espressionistici", mentre gli involucri lisci e curvilinei di apparecchi come l'aspirapolvere Spalter del 1956 e l'interruttore VLM del 1968 rientrano tra i suoi "progetti integrali".

Sebbene questa classificazione non dice tutto, ogni oggetto infatti ha una sua unicità e una sua storia. La necessità che ha ispirato un oggetto assomiglia al conflitto centrale di ogni narrazione, e il design agisce dunque come una soluzione, un lieto fine.

L'approccio al design di Castiglioni può essere compreso al meglio all'interno del contesto culturale

objects to restore the country's quality of life, Italy was poised for a design renaissance in the 1950s. The seemingly disparate sectors of culture, technology, and the economy enjoyed harmonious cooperation toward the common goal of rejuvenation. In the absence of architectural projects, architects focused on designing smaller objects. Talented architects still looking for commissions met ambitious manufacturers eager to bring their pre-existing companies up to date or to boost their new enterprises. The relatively small size of their family-based companies and their attention to detail and craftsmanship caused them to take risks and embrace innovative design. These manufacturers put at the designers' disposal all their technical skill and resources, along with their knowledge of the technological breakthroughs occurring in the postwar period. The long-lasting relationships between designers and manufacturers that were established during that time-like those between Zanuso and Brionvega (television manufacturer), between Sottsass and Olivetti (typewriter and computer manufacturer), or between the Castiglionis and Flos, the lighting fixtures company that still produces their lamps-were based on shared creative vision and understanding. In addition, both these groups benefited from the

di cui era un'emanazione, e che a sua volta Castiglioni ha contribuito a creare. Come altri designer e architetti italiani, come Marco Zanuso ed Ettore Sottsass, Castiglioni beneficiò della fortunosa combinazione storica che ha reso il design italiano una forza a livello mondiale. In parte grazie al fatto che la cultura italiana si è sempre basata sulla tradizione delle belle arti e di un abile artigianato, in parte a causa della spaccatura rappresentata dalla Seconda Guerra Mondiale, che aveva creato l'esigenza di oggetti di nuova progettazione e realizzazione per riportare la qualità di vita ai livelli precedenti. Negli anni '50 l'Italia si trovava nella situazione ideale per un rinascimento del design. Settori, apparentemente lontanissimi tra loro: cultura, tecnologia e economia, si unirono in un'armoniosa collaborazione al fine comune di rinnovarsi. In assenza di progetti architettonici, gli architetti si concentrarono sulla progettazione di oggetti di dimensioni limitate. Gli architetti di talento ancora in cerca di commesse incontrarono industriali ambiziosi e desiderosi di riportare al passo coi tempi le loro aziende o di lanciare le loro nuove imprese. Le dimensioni, relativamente piccole, delle loro aziende a gestione familiare e l'attenzione al dettaglio e all'artigianato, li spingevano a correre rischi e ad accogliere idee innovative. Questi industriali misero a disposi-

presence of ingenious engineers and technicians, as well as from world-renowned architecture and design publications like Domus, which facilitated the international exchange of ideas. Concurrently, Italy's economic boom of the 1950s and 1960s allowed the production and consumption of this new design to become a reality.

For many years, Castiglioni disseminated his design philosophy through his work as an educator. His peculiar teaching style seamlessly merged an almost anthropological approach to design with the advanced study of manufacturing processes and material technology. Until he retired from teaching almost ten years ago, he offered the most entertaining and popular Industrial Design course in the chaotic and overcrowded Architectural School of the Polytechnic of Milan. During the 1980s, when I was his student and the head count was 13,000, he typically came to class with a large Mary Poppins-like black bag, from which he would extract and line up on the table that day's chosen pieces from his stupendous collection of found objects: toys made from beer cans that he had bought in Teheran; odd eyeglasses and eye protection screens; galoshes from the USSR; wooden stools from Aspen, Colorado; colanders; small suction cups strong enough to lift a table. These were

zione dei designer tutte le loro capacità tecniche e le loro risorse, oltre alla loro conoscenza delle innovazioni tecnologiche del dopoguerra. I duraturi rapporti tra designer e industriali instauratisi in quel periodo – come quello tra Zanuso e Brionvega (industria televisiva), tra Sottsass e Olivetti (macchine per scrivere e computer) o tra i Castiglioni e Flos, azienda di apparecchi per l'illuminazione che ancora produce le loro lampade – si basavano su una comune percezione del futuro e impostazione creativa. In quel periodo Designer e industriali erano aiutati e sostenuti dalla presenza di ingegneri e tecnici dotati d'inventiva, e di pubblicazioni di architettura e design rinomate a livello mondiale, come Domus, che facilitavano lo scambio internazionale di idee. In concomitanza, il boom economico italiano degli anni'50 e '60 ha fatto in modo che la produzione e la diffusione di questo nuovo design diventassero una realtà.

Per molti anni, Castiglioni diffuse la sua filosofia del design per mezzo della sua opera di formatore. Il suo peculiare stile d'insegnamento univa un approccio quasi antropologico al design allo studio avanzato dei processi produttivi e della tecnologia dei materiali. Fino a quando si è ritirato dall'insegnamento, quasi dieci anni fa, era lui a tenere il corso di design industriale più divertente e popolare della caotica e

the most effective tools of design instruction.

Castiglioni demonstrated to his throngs of students the vernacular ingeniousness of seemingly unremarkable objects. One such example was a milking stool, consisting of a round piece of wood as a seat with a round incision into which fit the single wooden leg. Both parts were held together by a strip of leather, so that the stool could be carried over the shoulder. Standing on a table, Castiglioni mimed its use by milking an invisible cow, thus highlighting the pure relationship between form and function. He chose to show objects that clearly had a life of their own, derived from material culture and independent of any designer's name. By emphasizing that the success of these objects resulted from their fulfilling a functional task with wit and common sense and within the available resources, he initiated his students' discovery of the design process for themselves. Castiglioni has often said, "What you need is a constant and consistent way of designing, not a style." His own way has been to focus on understanding objects, basing his designs on a narrative approach in which observed or imagined need results in a satisfying design solution. Castiglioni has shown that while form and function are the main ingredients for successful design, they cannot be the designer's only

sovraffollata Facoltà di Architettura del Politecnico di Milano. Negli anni '80, quando ero una sua studentessa e gli iscritti alla facoltà erano tredicimila, si presentava regolarmente in aula con una grossa borsa nera stile Mary Poppins, da cui estraeva, allineandoli sulla cattedra, i pezzi scelti per quel giorno nella sua stupenda collezione di reperti: giocattoli realizzati con le lattine della birra acquistati a Teheran; strani occhiali e mascherine protettive per gli occhi; galosce provenienti dall'Unione Sovietica; sgabelli di legno arrivati da Aspen, in Colorado; colini; piccole ventose sufficientemente forti da sollevare un tavolo. E questi erano gli strumenti più efficaci per spiegare il concetto di design.

Castiglioni mostrava agli studenti accalcati nell'aula la semplice ingegnosità di oggetti apparentemente banali. Uno di questi esempi era costituito da uno sgabello per mungere, costituito da un pezzo di legno rotondo, con un'incisione circolare in cui s'inseriva l'unica gamba, anch'essa di legno. Le due parti erano tenute insieme da una striscia di cuoio, in modo che lo sgabello potesse essere portato in spalla. In piedi sulla cattedra, Castiglioni ne mimava l'uso mungendo una mucca invisibile, mettendo così in evidenza la purezza della relazione tra forma e funzione. Sceglieva di mostrarci degli oggetti che vivevano

concerns. His flexibility has allowed him to design a vast array of stylistically varied objects. Today, at age eighty-two, he is still as energetic and driven as ever and is still working on many assignments at a time, applying his philosophy and methodology with wit, curiosity, and a combination of exuberance and understatement.

chiaramente di vita propria, derivati dalla cultura materiale e indipendenti da qualsiasi nome di designer. Sottolineando il fatto che il successo di questi oggetti derivava dalla loro capacità di adempiere alla propria funzione con ingegno e buon senso e sfruttando le risorse disponibili, dava il via alla scoperta del processo del design da parte dei suoi studenti.

Castiglioni ha detto spesso: "Quel che serve è un modo di progettare costante e coerente, non uno stile." Il suo metodo è sempre consistito nel concentrarsi sulla comprensione degli oggetti, basando il progetto su un approccio narrativo in cui la funzione prefissa o immaginata sfocia in una sintesi bella e intelligente. Castiglioni ha dimostrato che, sebbene forma e funzione siano gli ingredienti principali per un design riuscito, non possono rappresentare l'unica preoccupazione del designer. La sua flessibilità gli ha consentito di progettare una vasta gamma di oggetti stilisticamente molto vari. Oggi, all'età di ottantadue anni, è più energico e attivo che mai e lavora ancora a diversi progetti contemporaneamente, applicando la sua filosofia e la sua metodologia con fantasia e curiosità e con la sua unica combinazione di esuberanza e modestia.

Paola Antonelli
June 24, 2000

Paola Antonelli
24 giugno 2000

Paola Antonelli
Steven Guarnaccia

Achille Castiglioni

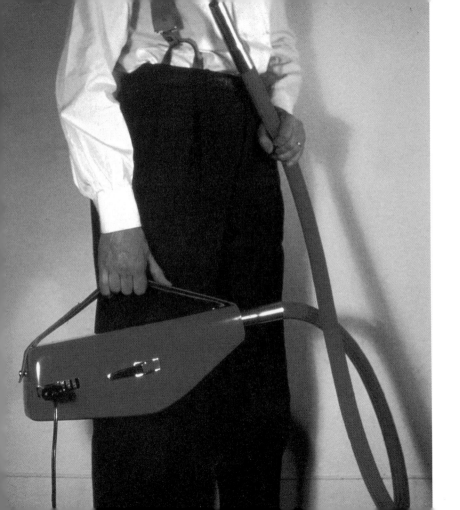

Spalter vacuum cleaner, 1956
Achille and Pier Giacomo Castiglioni
Aluminum, nylon, leather
Manufactured by Rem

Spalter aspirapolvere, 1956
Achille e Pier Giacomo Castiglioni
Alluminio, nylon, pelle
Prodotto da Rem

Spalter = SPALla+TERra. The small vacuum cleaner can be carried on the shoulder ("spalla") by means of its leather strap, or can be dragged on the floor ("terra").

Spalter = SPALla+TERra. Il piccolo aspirapolvere può essere portato su una spalla per mezzo di una tracolla di pelle, oppure trascinato per terra.

Children's Camera, 1958, prototype
Achille and Pier Giacomo Castiglioni
Plaster, plastic
Manufactured by Ferrania

Macchina fotografica per bambini, *1958, prototipo*
Achille e Pier Giacomo Castiglioni
Gesso, plastica
Commissionato da Ferrania

Asked by the Ferrania company to design the prototype of a playful camera for children at a time when cameras still had sharp angles, metallic trimmings, and a mechanistic appearance, the Castiglioni brothers gave it the shape of a stone or an egg. The retailers vetoed the design as too futuristic and weird-looking. Almost forty years later, cameras often look like eggs or stones.

Su richiesta della Ferrania, che voleva un prototipo di un'allegra macchina fotografica per bambini in un'epoca in cui le macchine fotografiche avevano ancora angoli appuntiti, rifiniture metalliche e un aspetto meccanicistico, i fratelli Castiglioni le diedero la forma di un sasso o di un uovo. I venditori al dettaglio obiettarono che il design era troppo futuristico e insolito. Quasi quarant'anni più tardi, le macchine fotografiche hanno spesso l'aspetto di uova o di sassi.

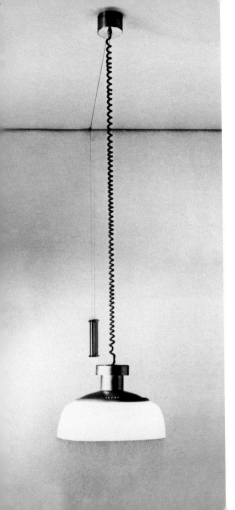

KD6 and KD7 hanging lamps, 1959
Achille and Pier Giacomo Castiglioni
Opaline methacrylate
Manufactured by Kartell

KD6 e KD7 lampade a soffitto, 1959
Achille e Pier Giacomo Castiglioni
Metacrilato opalino
Prodotte da Kartell

Here the Castiglionis used a new material to redesign the most traditional hanging lamp. Both lamps employ double domes and movable parts to disperse the heat and correct the position of the fixture.

Qui i Castiglioni usarono un nuovo materiale per ridisegnare le lampade a soffitto più tradizionali. Entrambe le lampade utilizzano cupole doppie e parti mobili per disperdere il calore e correggere la posizione della lampada.

Sanluca armchair, 1960
Achille and Pier Giacomo Castiglioni
Leather, polyutherane foam, rosewood
Manufactured by Gavina, Knoll, and Bernini

Sanluca poltrona, 1960
Achille e Pier Giacomo Castiglioni
Pelle, poliuretano espanso, palissandro
Prodotta da Gavina, Knoll e Bernini

Studied to fit all the parts of the body comfortably and beautifully, the Sanluca armchair is made of separate pieces-seat, back, head rest, and armrests-cast and built with various levels of padding.

Studiata per adattarsi perfettamente alle parti del corpo sia dal punto di vista della comodità che da quello estetico, la poltrona Sanluca è composta da pezzi separati – sedile, schienale, poggiatesta, braccioli – fusi e costruiti con diversi strati di imbottitura.

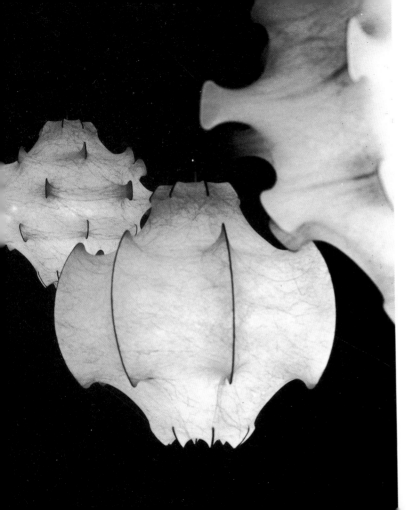

Taraxacum and **Viscontea**
hanging lamps, 1960
Gatto floor lamp, 1962
Achille and Pier Giacomo Castiglioni
Plastic polymer, steel frame
Manufactured by Flos

Taraxacum e *Viscontea*
lampade a soffitto, 1960
Gatto lampada a pavimento, 1962
Achille e Pier Giacomo Castiglioni
Plastica polimerica, telaio in acciaio
Prodotte da Flos

Inspired by George Nelson's 1950s experiments with metal-frame lamp structures, Taraxacum, Viscontea and Gatto are decorative luminous sculptures in which the white steel wire frame is formed and then sprayed with a cocoon-like film of plastic polymers. Taraxacum is the Latin word for "dandelion", while Gatto means "cat".

Ispirate agli esperimenti di George Nelson degli anni '50 sulle strutture per lampada con telaio metallico, Taraxacum, Viscontea e Gatto sono sculture luminose decorative in cui viene data forma alla struttura di filo d'acciaio bianco per poi ricoprirla di una pellicola simile a un bozzolo fatta di plastica polimerica. Taraxacum è il nome latino del dente di leone.

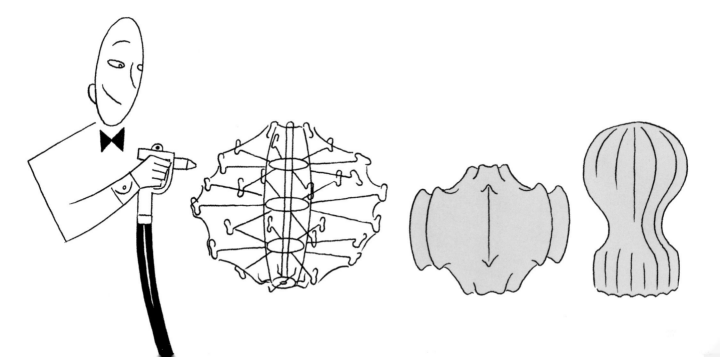

Servi series, 1961-74
Achille and Pier Giacomo Castiglioni
Steel, plastic
Manufactured by Zanotta

Servi serie, 1961-1974
Achille e Pier Giacomo Castiglioni
Acciaio, plastica
Prodotto da Zanotta

The English term "dumbwaiter" translates into the Italian "servo muto." The first two elements of the Servi family were designed by both Castiglioni brothers in 1961: an ashtray and an umbrella stand for the opening of a beerhouse also designed by Castiglioni. The sleek family of "waiters" expanded over time to cover disparate functions.

I primi due membri della famiglia "Servi" (da "servo muto") furono disegnati dai fratelli Castiglioni nel 1961: un posacenere e un portaombrelli per l'apertura di una birreria, sempre progettata dai Castiglioni. La snella famiglia dei "servi" si è col tempo ampliata per coprire le funzioni più disparate.

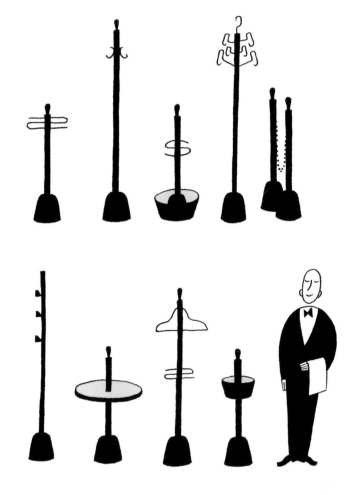

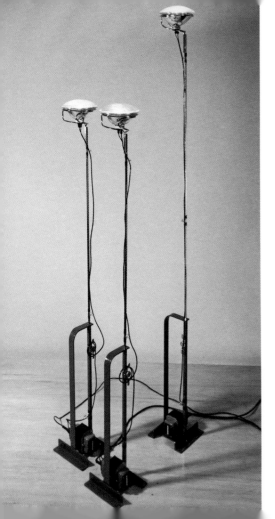

Toio lamp, 1962
Achille and Pier Giacomo Castiglioni
Car reflector lamp, steel
Manufactured by Flos

Toio lampada, 1962
Achille e Pier Giacomo Castiglioni
Fanale d'auto, acciaio
Prodotta da Flos

A 300-watt car reflector imported from the US is both the light source and the inspiration for Toio. The transformer for the bulb is located at the foot of the steel-plate pedestal and works as a heavy base for the fixture. The exagonal stem, "as light as a fishing rod", is kept at the desired height by a screw. The electric wire is guided along the stem by three fishing rod rings. Toio is another example of the Castiglionis' Ready-made Objects.

Un fanale d'auto da 300 watt importato dagli USA costituisce sia la fonte luminosa che l'ispirazione della Toio. Il trasformatore per la lampada è situato alla base del piedistallo ricoperto d'acciaio e funge da pesante base. Lo stelo esagonale, "leggero come una canna da pesca", è tenuto all'altezza desiderata da una vite. Il filo elettrico corre lungo lo stelo grazie a tre anelli da canna da pesca. Toio è un altro degli esempi degli oggetti "ready-made" dei Castiglioni.

Taccia table lamp, 1962
Achille and Pier Giacomo Castiglioni
Aluminum, glass, steel
Manufactured by Flos

Taccia *lampada da tavolo, 1962*
Achille e Pier Giacomo Castiglioni
Alluminio, vetro, acciaio
Prodotta da Flos

Taccia is the upside-down version of a hanging lamp. The convex surface of a white aluminum dome is positioned on top of a deep, translucent glass bowl and becomes the reflecting screen of the table lamp. To control its glare, the incandescent bulb is hidden inside the metal base, corrugated to better disperse the bulb's heat. The glass bowl can rotate to adjust the light's direction.

Taccia è la versione capovolta di una lampada a soffitto. La superficie convessa di una cupola di alluminio bianco è sistemata al di sopra di una profonda coppa di vetro translucido e diventa lo schermo riflettente della lampada da tavolo. Per controllarne il riverbero, la lampadina incandescente è nascosta all'interno della base metallica, ondulata in modo da disperdere al meglio il calore della lampadina. La coppa di vetro si può ruotare per regolare la direzione della luce.

Ventosa lamp, 1962
Achille and Pier Giacomo Castiglioni
Rubber, steel
Manufactured by Flos

Ventosa lampada, 1962
Achille e Pier Giacomo Castiglioni
Gomma, acciaio
Prodotta da Flos

"An experimental and adjustable spotlight",
as Castiglioni defines it, Ventosa is a small
reflector supported by a suction cup ('ventosa') that
connects to any smooth surface, including the reader's
forehead-thus making the reader part of the fixture.

*"Riflettore sperimentale e regolabile", come la
definisce Castiglioni, Ventosa è un faretto sorretto da
una ventosa che si applica a qualsiasi superficie liscia,
compresa la fronte del lettore, rendendo così il lettore
parte del congegno.*

Relemme lamp, 1962
Achille and Pier Giacomo Castiglioni
Rubber, porcelain, steel
Manufactured by Flos

Relemme lampada, 1962
Achille e Pier Giacomo Castiglioni
Gomma, porcellana, acciaio
Prodotta da Flos

In the 1930s, RLM, Registered Luminaire Manufacturers, distributed a classic porcelain-on-steel black-and-white hanging reflector worldwide. The Castiglioni brothers redesigned it to improve its efficiency. Among other new details, a rubber ring encircles the lower edge and protects the metal reflector from occasional shocks.

Negli anni '30 la RLM (Registered Luminaire Manufacturers) distribuiva in tutto il mondo un classico riflettore sospeso di porcellana su acciaio, bianco e nero. I fratelli Castiglioni lo ridisegnarono per migliorarne l'efficienza. Oltre ad altri dettagli, un anello di gomma circonda il bordo inferiore proteggendo il riflettore metallico da urti occasionali.

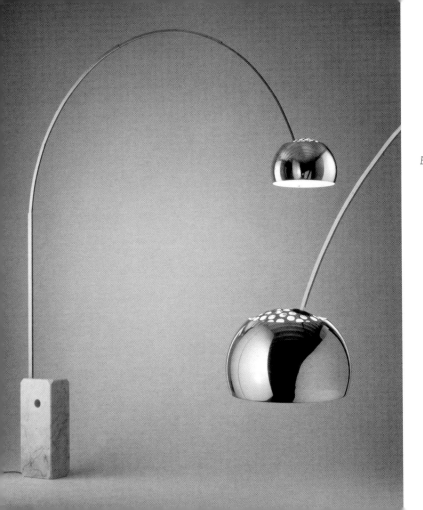

Arco floor lamp, 1962
Achille and Pier Giacomo Castiglioni
Carrara marble base, stainless steel stem,
steel reflector
Manufactured by Flos

Arco lampada a pavimento, 1962
Achille e Pier Giacomo Castiglioni
Base in marmo di Carrara, stelo in acciaio inossidabile,
riflettore in acciaio
Prodotta da Flos

A street lamp was the springboard for Arco, a ceiling lamp that does not require holes in the ceiling. The light source is projected eight feet away from the base, leaving enough room to serve dinner and sit at the table. The lamp can be moved by two people by inserting a broomstick through the hole in the marble base.

La fonte di ispirazione di Arco, lampada a soffitto che non richiede fori nel soffitto, fu un lampione da strada. La fonte luminosa è proiettata a due metri e mezzo dalla base, lasciando spazio a sufficienza per servire la cena a sedersi a tavola. La lampada può essere spostata da due persone inserendo un manico di scopa attraverso il foro nella base di marmo.

Beer Glasses, 1964
Achille and Pier Giacomo Castiglioni
Glass
Manufactured by Poretti

Bicchieri da birra, 1964
Achille e Pier Giacomo Castiglioni
Vetro
Prodotti da Poretti

Splügen Bräu hanging lamp, 1961
Achille and Pier Giacomo Castiglioni
Aluminum
Manufactured by Flos

Splügen Bräu lampada a soffitto, 1961
Achille e Pier Giacomo Castiglioni
Alluminio
Prodotta da Flos

The glasses and the lamp were produced for a beer pub in Milan designed by the Castiglioni brothers. The Splügen Bräu has a ribbed outside surface that facilitates heat dispersion. The glasses maintain the traditional shape, slightly narrower at the top to contain the foam.

I bicchieri e la lampada furono prodotti per una birreria di Milano progettata dai fratelli Castiglioni. Lo Splügen Bräu presenta una superficie esterna munita di nervature che facilita la dispersione del calore. I bicchieri mantengono la forma tradizionale, leggermente più stretta in cima per evitare la fuoriuscita della schiuma.

Black & White hanging lamp, 1965
Achille and Pier Giacomo Castiglioni
Glass and steel,
Manufactured by Flos

Black & White lampada a soffitto, 1965
Achille e Pier Giacomo Castiglioni
Vetro e acciaio
Prodotta da Flos

DOWNWARD LIGHT

DIFFUSED LIGHT

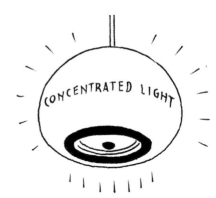

CONCENTRATED LIGHT

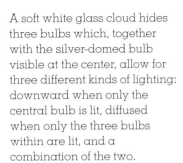

A soft white glass cloud hides three bulbs which, together with the silver-domed bulb visible at the center, allow for three different kinds of lighting: downward when only the central bulb is lit, diffused when only the three bulbs within are lit, and a combination of the two.

Una soffice nuvola di vetro bianco nasconde tre lampadine che, insieme alla lampadina coronata d'argento visibile al centro, permettono tre diversi tipi d'illuminazione: verso il basso quando è accesa solo quella centrale, diffusa quando solo le tre lampadine interne sono in funzione, e una combinazione di entrambe.

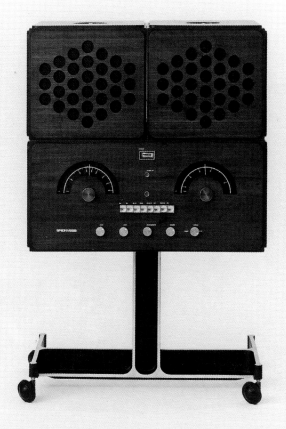

RR 126 stereo system, 1965
Achille and Pier Giacomo Castiglioni
Plastic laminate, masonite, steel
Manufactured by Brionvega

*RR 126 stereo, 1965
Achille e Pier Giacomo Castiglioni
Laminato plastico, masonite, acciaio
Prodotto da Brionvega*

The components of a stereo system are arranged to design a "musical pet" with loudspeaker ears, a witty face, and the capacity to move around on its casters.

Le componenti di un sistema stereo sono assemblate in modo da formare un "animaletto musicale" con le orecchie che fanno da altoparlanti, un muso spiritoso e la capacità di spostarsi su rotelle.

Rocchetto table, 1967
Achille and Pier Giacomo Castiglioni
Polyester
Manufactured by Kartell

Rocchetto tavolo, 1967
Achille e Pier Giacomo Castiglioni
Poliestere
Prodotto da Kartell

Realized at the time when plastic furniture was just about to invade the world, Rocchetto, which translates as "spool" demonstrates the use of polyester at its best. The base of the table is made of two identical parts made from the same mold, while the top has a raised edge that matches the lower circle of the base.

Realizzato in un'epoca nella quale l'arredamento in plastica stava per invadere il mondo, Rocchetto mostra l'uso del poliestere nella sua forma migliore. La base del tavolo è costituita da due parti identiche provenienti dallo stesso stampo, mentre il ripiano presenta un bordo in rilievo che corrisponde al cerchio inferiore della base.

Translator's Earphones, 1967
Achille and Pier Giacomo
Castiglioni
Thermoplastic material
Manufactured by Phoebus Alter

Cuffie per traduttori, 1967
Achille e Pier Giacomo
Castiglioni
Materiale termoplastico
Prodotto da Phoebus Alter

Following extended research on existing earphones, the Castiglionis came up with a thorough technical redesign which incorporates the radio, normally external and hand-held, within the headpiece.

In seguito a un'approfondita ricerca sulle cuffie esistenti, i Castiglioni presentarono un design tecnico radicalmente rinnovato che incorpora la radio, normalmente esterna e tenuta in mano, all'interno della cuffia.

"EARPHONEƧ"

Cuffia

Snoopy lamp, 1967
Achille and Pier Giacomo Castiglioni
Glass, marble, steel
Manufactured by Flos

Snoopy *lampada, 1967*
Achille e Pier Giacomo Castiglioni
Vetro, marmo, acciaio
Prodotta da Flos

So named because of its thrusting beagle-like nose, Snoopy rests on a tilted marble base with a small knob as a then-innovative dimmer. The three cooling holes in the light-weight aluminum reflector make it resemble a bowling ball.

Così chiamata per il muso prominente, Snoopy appoggia su una base verticale in marmo provvista di un regolatore di luminosità, allora molto innovativo. I tre fori di raffreddamento nel riflettore di alluminio leggero la fanno somigliare a una palla da bowling.

Velella lamp, 1967
Achille and Pier Giacomo Castiglioni
Steel plate, opaline glass
Manufactured by Flos

Velella lampada, 1967
Achille e Pier Giacomo Castiglioni
Acciaio placcato, vetro opalino
Prodotta da Flos

The incandescent bulb at the center of the fixture is completed by a fluorescent circular tube which is hidden within the opaline glass. The lamp thus gives a mixture of warm and cool light, both reflected and diffused.

La lampadina a incandescenza al centro dell'apparecchio è completata da una lampada circolare al neon nascosta dal vetro opalino. In questo modo la lampada miscela la luce fredda e la luce calda, sia riflessa che diffusa.

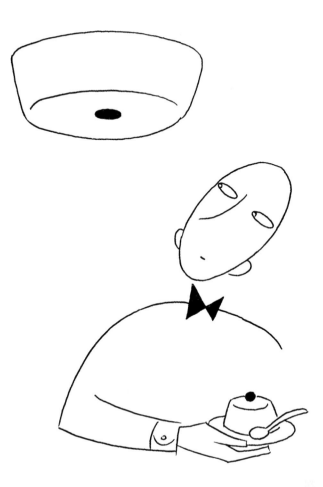

Broadcasting Receiver, 1968 (1967)
Achille and Pier Giacomo Castiglioni
Plastic, metal
Manufactured by Brionvega

Filodiffusore, 1968 (1967)
Achille e Pier Giacomo Castiglioni
Plastica, metallo
Prodotto da Brionvega

Rocket slide projector, 1960
Achille and Pier Giacomo Castiglioni
Plastic, aluminum
Manufactured by Ferrania

Rocket proiettore per diapositive, 1960
Achille e Pier Giacomo Castiglioni
Plastica, alluminio
Prodotto da Ferrania

Made of anti-crush thermoplastic material, the receiver
can be positioned either vertically or horizontally.

Fatto di materiale termoplastico antiurto,
quest'apparecchio radioricevente può essere posizionato
verticalmente od orizzontalmente.

Like the receiver, this projector also looks like a miniature
architectural structure.
The outer shells were designed to follow the inner
organization of the mechanical and electronic parts to
guarantee distinguished yet simple compositions.

Come l'apparecchio per filodiffusione, il proiettore ricorda
una struttura architettonica in miniatura. Il guscio esterno
è stato disegnato in modo da seguire l'organizzazione
interna delle parti meccaniche ed elettroniche, per
garantire composizioni distinte eppure semplici.

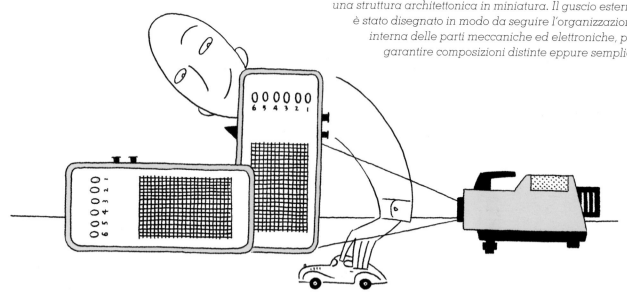

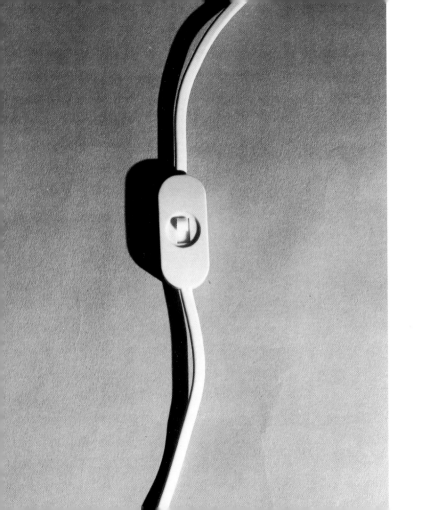

Switch, 1968
Achille and Pier Giacomo Castiglioni
Manufactured by VLM

Switch, 1968
Achille e Pier Giacomo Castiglioni
Prodotto da VLM

Another object inspired by a stone so that it could comfortably fit in one's hand, this switch is a truly mass-produced item which has become ubiquitous in Italian homes.
It is a complex technical project carried out with great skill, yet it has a special twist: its sound. The Castiglionis designed it so that it would produce the perfect click.

Altro oggetto ispirato a un sasso, tanto da potersi tenere comodamente in una mano, questo interruttore è un tipico articolo di produzione di massa, ormai diffusissimo nelle case italiane. Si tratta di un progetto tecnico complesso portato avanti con estrema abilità, e tuttavia ha una chicca in più: è anche sonoro. I Castiglioni lo progettarono in modo che producesse un clic perfetto.

Merlino, 1988
Achille and Pier Giacomo Castiglioni
Wood
Manufactured by Zanotta

Merlino leggio, 1988
Achille e Pier Giacomo Castiglioni
Legno
Prodotto da Zanotta

Leonardo table, 1969 (1950)
Achille and Pier Giacomo Castiglioni
Wood
Manufactured by Zanotta

Leonardo tavolo, 1969 (1950)
Achille e Pier Giacomo Castiglioni
Legno
Prodotto da Zanotta

To suggest a real work table, the Castiglionis employed traditional trestles in beech, adjustable in height, and fitted them with a large laminate-covered top.
Leonardo and the Merlino book stands near the recreated rooms are intentionally presented as straightforward carpentry jobs, and both borrow freely from material culture.

Per suggerire l'idea di un vero tavolo da lavoro, i Castiglioni utilizzarono dei tradizionali cavalletti di faggio, regolabili in altezza, e li dotarono di un grande ripiano laminato. Leonardo e i leggii Merlino accanto alle stanze ricostruite sono intenzionalmente presentati come puri lavori di falegnameria, ed entrambi attingono liberamente alla cultura del materiale.

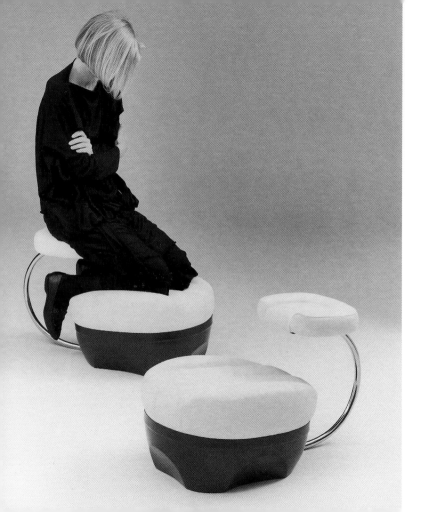

Primate seat, 1970
Baydur, polystyrene,
polyurethane, stainless steel
Manufactured by Zanotta

Primate sedile, 1970
Baydur, polistirolo, poliuretano,
acciaio inossidabile
Prodotto da Zanotta

Primate is a playful and useful seating compromise for Western travelers. It enables respectful guests at Japanese formal dinners to sit with their hosts in the appropriate position, which would otherwise be very painful for unpracticed knees.

Primate rappresenta un giocoso e utile compromesso per i viaggiatori occidentali all'est. Consente infatti ai rispettosi invitati a formali cene giapponesi di sedere insieme ai loro ospiti nella posizione appropriata, che altrimenti risulterebbe molto scomoda per ginocchia non abituate.

Mezzadro seat, 1971 (1957)
Achille and Pier Giacomo Castiglioni
Chromium-plated steel stem
lacquered metal tractor seat,
kiln-dried beech footrest
Manufactured by Zanotta

Mezzadro sgabello, 1971 (1957)
Achille e Pier Giacomo Castiglioni
Stelo in acciaio cromato,
sedile da trattore in metallo laccato,
poggiapiedi in faggio essiccato artificialmente
Prodotto da Zanotta

In this new composition of existing objects, the seat and the crossbar from a tractor designed in the first years of the century and still in production become a seat to be used at home. The fixing screw is the kind familiarly used in bicycles, while a wooden crossbar gives the seat its stability.

In questa nuova composizione di oggetti preesistenti, il sedile e la barra di un trattore progettato nei primi anni del secolo ma ancora in produzione diventano uno sgabello da usare in casa. La vite di fissaggio è quella comunemente usata nelle biciclette, mentre una barra trasversale di legno da stabilità allo sgabello.

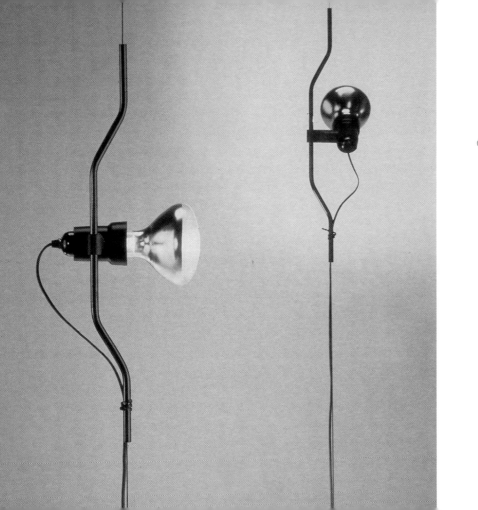

Parentesi lamp, 1971 (1970)
Achille Castiglioni and Pio Manzú
Rubber, stainless steel, cast-iron
Manufactured by Flos

Parentesi lampada, 1971 (1970)
Achille Castiglioni e Pio Manzú
Gomma, acciaio inossidabile, ferro fuso
Prodotta da Flos

An adjustable spotlight moves up and down a cable that hangs from a hook in the ceiling and is kept in tension by a cast-iron counterweight which barely touches the floor. The core of this minimal fixture is the parenthesis that gives it its name, the shaped tubular support that holds the light source in place by mechanical friction with the tense cable.

Un faretto regolabile si sposta su e giù lungo un cavo attaccato al soffitto per mezzo di un gancio ed è tenuto in tensione da un contrappeso in ferro fuso che sfiora appena il pavimento. Il nucleo centrale di quest'apparecchiatura ridotta ai minimi termini è la parentesi da cui il nome, il sostegno tubolare sagomato che tiene al suo posto la sorgente di luce attraverso la frizione meccanica con il cavo in tensione.

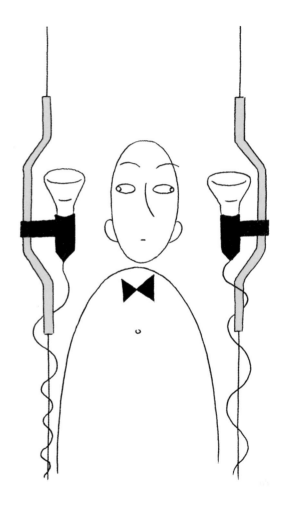

Lampadina table or wall lamp, 1972
Aluminum reel, socket, bulb
Manufactured by Flos

Lampadina lampada da tavolo o da parete, 1972
Bobina di alluminio, portalampada, lampadina
Prodotta da Flos

This ready-made fixture is composed of a large light bulb with a "skullcap" sanded on one side to control glare, a socket with a switch, and a base made of an aluminum recording spool, convenient for rolling up the excess wire or hanging the lamp on the wall.

Quest'apparecchio ready-made è composto da una grossa lampadina con una "papalina" smerigliata su un lato per controllare il riverbero, un portalampada con un interruttore, e una base ottenuta da una bobina di alluminio per registratori, utile per arrotolare il filo in eccesso o attaccare la lampada al muro.

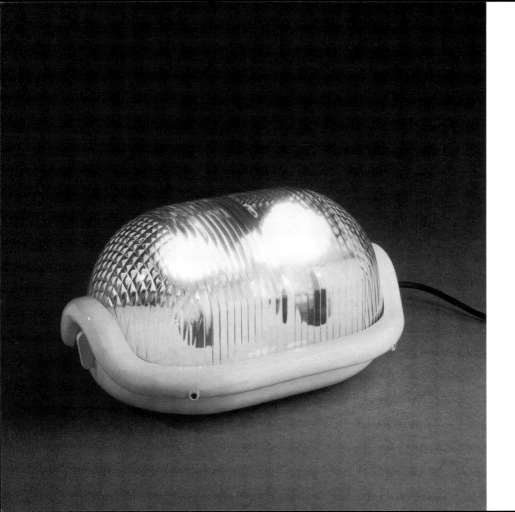

Noce floor lamp, 1972
Steel, glass
Manufactured by Flos

Noce lampada a pavimento, 1972
Acciaio, vetro
Prodotta da Flos

"Natural light comes from the sky. Since electric light is artificial, it should come from the floor". Castiglioni therefore designed a luminous stone, a lamp that can be kicked around and even kept outdoors. Noce, meaning "walnut", is made of a two-part shell, in cast metal and safety glass, which contains two swiveling bulbs.

"La luce naturale viene dal cielo. Dato che la luce elettrica è artificiale, dovrebbe venire dal pavimento." Per questo motivo Castiglioni progettò un sasso luminoso, una lampada che si può spostare a calci e che può essere tenuta anche all'esterno. Noce è costituita da un guscio diviso in due, in metallo fuso e vetro antisfondamento, che contiene due lampadine rotanti.

Teli hanging lamp, 1973 (1959)
Achille and Pier Giacomo Castiglioni
Raflon cloth, anodized aluminum, brass
Manufactured by Kartell and Flos

Teli lampada a soffitto, 1973 (1959)
Achille e Pier Giacomo Castiglioni
Tessuto di raflon, alluminio anodizzato, ottone
Prodotto da Kartell e Flos

Teli means "sheets of cloth". The idea for the lamp came to the brothers while observing the synthetic fabric used for bagging rice. Raflon is a heavy and tough fiber. They used two rectangular sheets, a square anodized aluminum board, and two brass sticks to give tension to the cloth. All the elements are easily assembled and disassembled for packing and shipping. The light source, a standard incandescent bulb, is essentially dressed up in veils.

L'idea di questa lampada venne ai fratelli Castiglioni osservando il tessuto sintetico usato per insaccare il riso. Il raflon è una fibra pesante e ruvida. Ne usarono due teli rettangolari, insieme a una tavola quadrata di alluminio anodizzato e due bastoncini d'ottone per tenere in tensione il tessuto. Tutti gli elementi si assemblano e si smontano facilmente per essere impacchettati e trasportati. La sorgente luminosa, una normale lampadina a incandescenza, è praticamente vestita di veli.

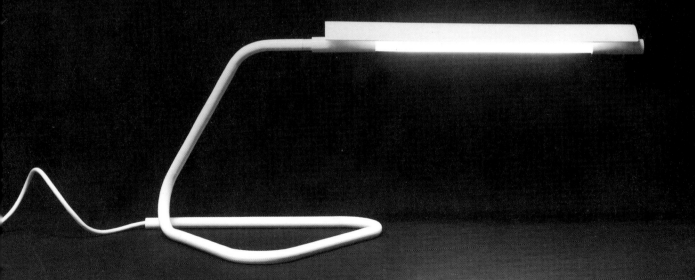

In 1949, GE's 6-watt fluorescent tube was first imported in Italy, challenging the Castiglionis to think about a formal continuity between the lamp and its conducting wire. They lined up the bulb, the switch, the reactor, and the starter on their way to the plug, and fitted the lamp with an aluminum shield to protect from glare and reflect the light.

Nel 1949 fu importata per la prima volta in Italia la lampada al neon da 6 watt della General Electrics, sfidando i Castiglioni a inventare una continuità formale tra la lampada e il cavo conduttore. Allinearono la lampadina, l'interruttore, il reattore e l'avviatore lungo il percorso verso la spina, e dotarono la lampada di uno schermo di alluminio per proteggere dal riverbero e riflettere la luce.

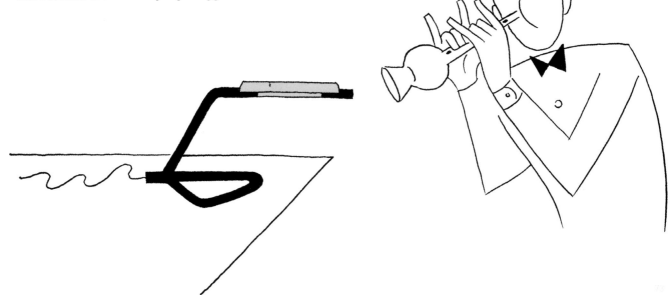

Tric folding chair, 1975 (1965)
Achille and Pier Giacomo Castiglioni

Trac table, 1976
Achille Castiglioni and Paolo Ferrari

Ginevra folding armchair, 1979 (1965)
Achille Castiglioni

Quark table, 1982
Achille Castiglioni and Paolo Ferrari

Wood
Manufactured by
BBB emmebonacina

Tric sedia pieghevole, 1975(1965)
Achille e Pier Giacomo Castiglioni

Trac tavolo, 1976
Achille Castiglioni e Paolo Ferrari

Ginevra poltrona pieghevole, 1979
Achille Castiglioni

Quark tavolo, 1982
Achille Castiglioni e Paolo Ferrari

Legno
Prodotti da BBB emmebonacina

In 1965, on the occasion of the exhibition La casa abitata in Florence, Castiglioni redesigned a chair by Michael Thonet from 1910, which was no longer in production.
He introduced two variations: a higher back, to offer more comfortable support, and thick red felt, to cover the seat and back.

Nel 1965, in occasione della mostra La casa abitata a Firenze, Castiglioni ridisegnò una sedia di Michael Thonet del 1910, non più in produzione. Introdusse due varianti: uno schienale più alto, per offrire un sostegno più comodo, e uno spesso strato di feltro rosso, per coprire il sedile e lo schienale.

Aoy lamp, 1975
Translucent and opaline glass
Manufactured by Flos

Aoy lampada, 1975
Vetro translucido e opalino
Prodotta da Flos

To use up the light that ordinary floor lamps usually waste on their stem, Castiglioni designed a translucent support, a glass cylinder a foot wide with an opening at the bottom for a cat to curl up where it's warm, and to allow for cleaning of the floor inside.
All parts are made of hand-blown glass and are made to match, without any metal connections.

Per sfruttare fino in fondo la luce che le normali lampade a pavimento perdono lungo lo stelo, Castiglioni progettò un supporto translucido, un cilindro in vetro del diametro di trenta centimetri con un'apertura alla base che permette a un gatto di accoccolarsi nel punto più caldo e che consente la pulizia della base interna. Tutte le componenti sono realizzate in vetro soffiato e vengono fatte combaciare senza alcun collegamento metallico.

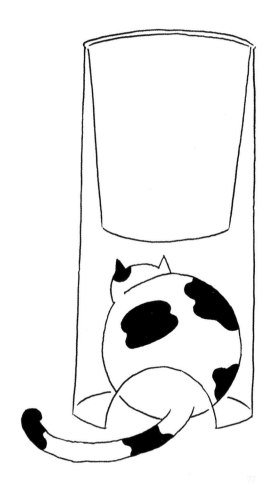

Ipotenusa table lamp, 1976 (1975)
Stainless steel, aluminum, acrylic
Manufactured by Flos

*Ipotenusa lampada da tavolo,
1976, (1975)
Acciaio inossidabile,
alluminio, acrilico
Prodotta da Flos*

A smaller version of them Arco concept, Ipotenusa places the light source at the tip of the hypotenuse of a triangle, expansive and high enough for two people to have a conversation at the table without the fixture coming in between them. The jack connection between he conducting steel pipe and the aluminum alloy base allows easy disassembly for packing and shipping.

Versione ridotta di una Arco, Ipotenusa presenta la sorgente di luce nella punta superiore dell'ipotenusa di un triangolo, in una posizione che permette a due persone di conversare ai due lati opposti di un tavolo senza che la lampada impedisca loro di vedersi a vicenda. La presa a jack tra il tubo conduttore d'acciaio e la base in lega d'alluminio consente di smontare facilmente la lampada per il trasporto e la spedizione.

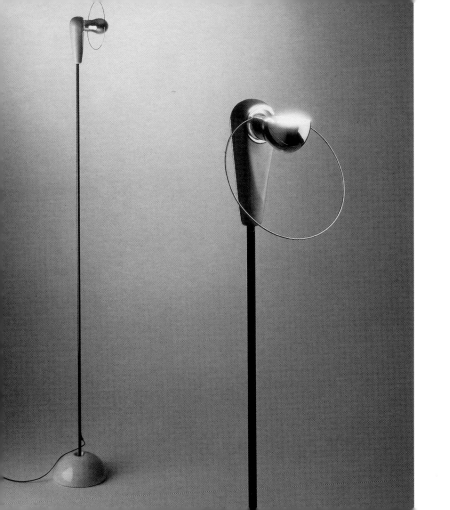

Bibip floor lamp, 1977
Ceramic, steel, aluminum
Manufactured by Flos

Bibip lampada a pavimento, 1977
Ceramica, acciaio, alluminio
Prodotta da Flos

Inspired by the speedy roadrunner who eternally mocks the coyote in the classic American cartoon, Bibip is a floor lamp that is almost not there. Its slim stem supports an elegant head in ceramic, the most traditional insulating material for electrical appliances, which hosts the bulb. A steel screen can be rotated around the bulb by means of a round handle to direct the light toward the ceiling or toward the floor.

Ispirata al veloce corridore che prende eternamente in giro il coyote nel classico cartone animato americano, Bibip è una lampada a pavimento che praticamente non c'è. Lo stelo sottile sostiene una elegante testa in ceramica, il materiale isolante più tradizionale per le apparecchiature elettriche, che ospita la lampadina. Uno schermo di acciaio può essere ruotato intorno alla lampadina per mezzo di una maniglia arrotondata in modo da dirigere la luce verso il soffitto o verso il pavimento.

Frisbi lamp, 1978
Steel, metalcrylate
Manufactured by Flos

Frisbi lampada, 1978
Acciaio, metacrilato
Prodotta da Flos

In traditional hanging lamps, the glass or metal hemisphere that acts as a reflector and hides the bulb, and a layer of translucent material placed at the bottom to diffuse the light are all contained in one compact shape. In Frisbi, a small chromed dome reflects the cone of light onto a diffuser disc that looks suspended in mid-air, and beams it through the hole at its center.

Nelle tradizionali lampade a soffitto, l'emisfero di vetro o di metallo che agisce da riflettore e nasconde la lampadina e lo strato di materiale translucido sistemato in basso per diffondere la luce sono inglobati in un'unica forma compatta. Nella lampada Frisbi, una piccola cupola cromata riflette il cono di luce su un disco diffusore che appare sospeso a mezz'aria e lo irradia attraverso il foro centrale.

Cumano table, 1979 (1977)
Steel, nylon
Manufactured by Zanotta

Cumano tavolo, 1979 (1977)
Acciaio, nylon
Prodotto da Zanotta

Cumano is one of Castiglioni's most exemplary redesigns, in which he chooses an object that has already existed for decades, sometimes even centuries, and adapts it to current technologies and conditions. The designer upgraded the classic small outdoor coffee table and made it foldable by means of an ingenious injection-molded joint. He also punched a hole through the top, so that the closed table can be stored more easily, or hung like a decoration.

Cumano è uno dei migliori esempi di "redesign" di Castiglioni: egli sceglie un oggetto esistente da decenni, a volte addirittura da secoli, e lo adatta a tecnologie e condizioni di vita attuali. Il designer ha qui aggiornato il classico tavolino da esterni per bar rendendolo pieghevole per mezzo di un'ingegnosa giuntura formata per iniezione e praticando anche un foro nel ripiano, in modo tale che il tavolo ripiegato possa essere riposto più facilmente o appeso come decorazione.

Irma chair, 1979
Steel frame, cowhide
Manufactured by Zanotta

Irma sedia, 1979
Telaio in acciaio, cuoio
Prodotta da Zanotta

So named in homage to Castiglioni's wife, the
Irma's steel structure supports the leather seat and
back. The back, in particular, is reduced to the strip
that supports the spine and shaped to follow its
natural curves.

*Così chiamata in omaggio alla moglie di
Castiglioni, il telaio in acciaio di Irma sostiene il
sedile e lo schienale di cuoio. Lo schienale, in
particolare, è ridotto alla striscia che sostiene la
spina dorsale ed è sagomato in modo da seguirne
l'incurvatura naturale.*

Allunaggio garden seat, 1980 (1966)
Achille and Pier Giacomo Castiglioni
Stove-enameled steel, aluminum seat, nylon feet
Manufactured by Zanotta

Allunaggio sedile da giardino, 1980 (1966)
Achille e Pier Giacomo Castiglioni
Acciaio smaltato a forno, sedile in alluminio, piedi di nylon
Prodotto da Zanotta

Translating as "moonlanding" in English, Allunaggio is an outdoor seat specifically designed for grass expanses. It is configured to minimize the shade projected onto the lawn.

Allunaggio è un sedile da esterni specificamente progettato per estensioni erbose. È impostato in modo da rendere minima l'ombra proiettata sul prato.

Gibigiana lamp, 1980
Aluminum, plastic, mirror
Manufactured by Flos

Gibigiana lampada, 1980
Alluminio, plastica, specchio
Prodotta da Flos

This lamp, whose name signifies the game of redirecting sun beams with a mirror, was sparked by a common domestic problem: some people like to read in bed until late at night, while their partners are eager to fall asleep in darkness. The strong halogen bulb, housed at the bottom of the base, casts its light on an adjustable mirror, whose angle can be set to further redirect the beam exactly where it is needed.

Questa lampada, il cui nome si riferisce al gioco di deviare i raggi solari con uno specchio, é nata da un comune problema domestico: alcune persone amano leggere a letto fino a notte fonda, mentre i loro partner sono ansiosi di addormentarsi al buio. La potente lampadina alogena, sistemata in fondo alla base, proietta la sua luce su uno specchio regolabile, la cui angolazione può essere stabilita per deviare il raggio verso il punto desiderato.

Cacciavite table, 1981 (1966)
Achille and Pier Giacomo Castiglioni
Manufactured by Bernini and Zanotta

Cacciavite tavolo, 1981 (1966)
Achille e Pier Giacomo Castiglioni
Prodotto da Bernini e Zanotta

Cacciavite means "screwdriver", which the legs of this table resemble. They are screwed into the top and can be removed to more easily transport the table. No particular reason for this formal pop concoction is given by the designers. Even for Castiglioni, design can sometimes be just a matter of appearance.

A ricordare il cacciavite sono le gambe di questo tavolo. Sono avvitate al ripiano e possono essere staccate per trasportare più facilmente il tavolo. I designer non forniscono alcuna particolare ragione per questa trovata formale. Anche per Castiglioni, il design può essere a volte una pura questione di apparenza.

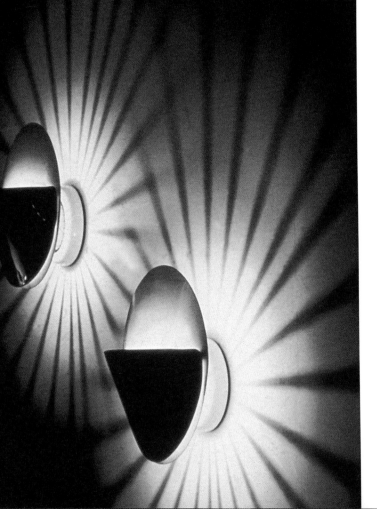

Giovi wall lamp
Moni ceiling lamp, 1982
Steel
Manufactured by Flos

Giovi *lampada a parete*
Moni *lampada a soffitto, 1982*
Acciaio
Prodotte da Flos

The two lamps, dedicated to Castiglioni's daughters Giovanna and Monica, are surrounded by a crown of beams as if they were suns. The special effect is produced by a cage of metal that surrounds the light bulbs.

Le due lampade, dedicate da Castiglioni alle figlie Giovanna e Monica, sono circondate da una corona di raggi che le fa somigliare a un sole. L'effetto speciale è prodotto da una cassa di metallo che circonda le lampadine.

Phil oil and vinegar set
with cheese pot, 1982
Glass, stainless steel
Manufactured by Alessi

*Phil set per olio e aceto
con formaggiera, 1982
Vetro, acciaio inossidabile
Prodotto da Alessi*

Phil comes from "filo", which means "cord".
As a matter of fact, the leitmotif of Phil is a
continuous steel cord which wraps itself around the
oil and vinegar cruets and keeps them together.

*Phil come "filo", spago. In effetti, il leit-motif di Phil
è un filo d'acciaio che si avvolge intorno alle
ampolle dell'olio e dell'aceto tenendole insieme.*

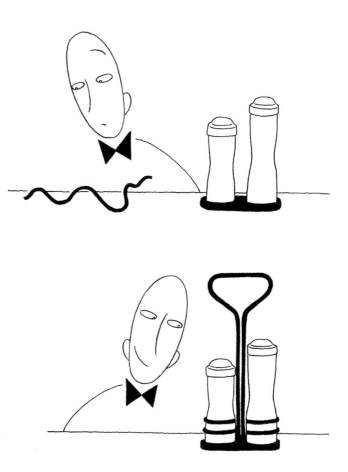

Dry cutlery, 1982
Stainless steel
Manufactured by Alessi

Dry posate, 1982
Acciaio inossidabile
Prodotte da Alessi

The set is called "dry" because of its straightforward shape and obvious manufacturing process: each piece in the set begins as a steel bar, part of which is left as a comfortable handle after the blade or spoon or teeth are formed.

Il set è chiamato "dry", cioè "asciutto" a causa della sua forma priva di fronzoli e dell'evidente processo di lavorazione: ogni pezzo del set nasce come barra d'acciaio, parte della quale è lasciata come comodo manico dopo che la lama, l'incavo o i denti delle posate hanno preso forma.

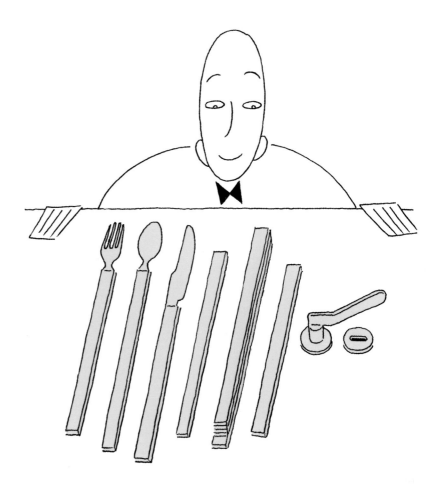

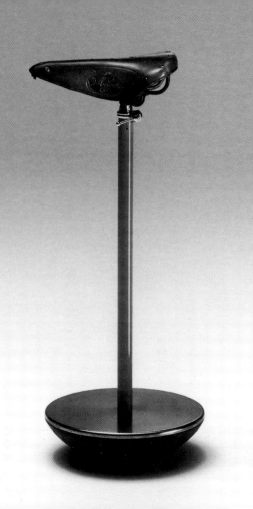

Sella stool, 1983 (1957)
Achille and Pier Giacomo Castiglioni
Leather, aluminum, cast iron
Manufactured by Zanotta

Sella sgabello, 1983 (1957)
Achille e Pier Giacomo Castiglioni
Pelle, alluminio, ferro fuso
Prodotto da Zanotta

Sella (saddle) is the pivoting stool that garnered the Castiglionis an incongruous "Dadaist" label. With this seat, the brothers designed a new behavior, a hybrid between sitting and pacing nervously, because, says Achille, "When I use a pay phone, I like to move around, but I also would like to sit, but not completely".

Sella è lo sgabello rotante su perno che guadagnò ai fratelli Castiglioni un'incongrua etichetta "dadaista". Con questo sgabello, i Castiglioni progettarono un nuovo comportamento, un ibrido tra lo stare seduti e il passeggiare nervosamente, perché, dice Achille, "quando uso un telefono pubblico mi piace spostarmi, ma vorrei anche sedermi, anche se non completamente."

Ovio glasses, 1983
Crystal, thermoplastic elastomer
Manufactured by Danese and Alias

Ovio bicchieri, 1983
Cristallo, elastomeri termoplastici
Prodotti da Danese e Alias

The crystal glasses are surrounded at the base by a
rubber bumper that protects them from hitting each other
and also gathers the drops that might fall from the edge.

*I bicchieri di cristallo sono circondati alla base da un
paraurti di gomma che ne previene l'urto reciproco e
contemporaneamente raccoglie le gocce che scendono
dal bordo.*

7000 trays, 1983
Stainless steel, plastic
Manufactured by Alessi

7000 vassoi, 1983
Acciaio inossidabile, plastica
Prodotto da Alessi

Some of these straightforward trays
have interchangeable plastic handles
in bright colors.

*Alcuni di questi vassoi, molto lineari,
hanno dei manici intercambiabili, in
plastica di colori vivaci.*

Imperiale chaise longue, 1983
Steel, wood, and fabric
Manufactured by Zanotta

Imperiale chaise longue, 1983
Acciaio, legno e tessuto
Prodotto da Zanotta

The structure of the armrests is the basis for this articulated chaise longue. The rest of the structure can take on many configurations, from an erect position to a reclining one, as directed by the weight of the human body.

La struttura dei braccioli è la base di questa articolata chaise longue. Il resto del telaio può assumere diverse configurazioni, dalla posizione eretta a quella reclinata, a seconda della distribuzione del peso del corpo.

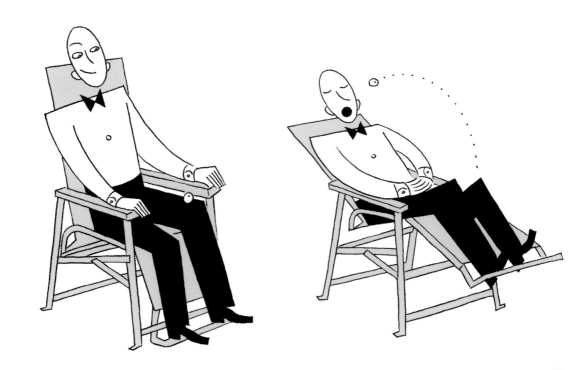

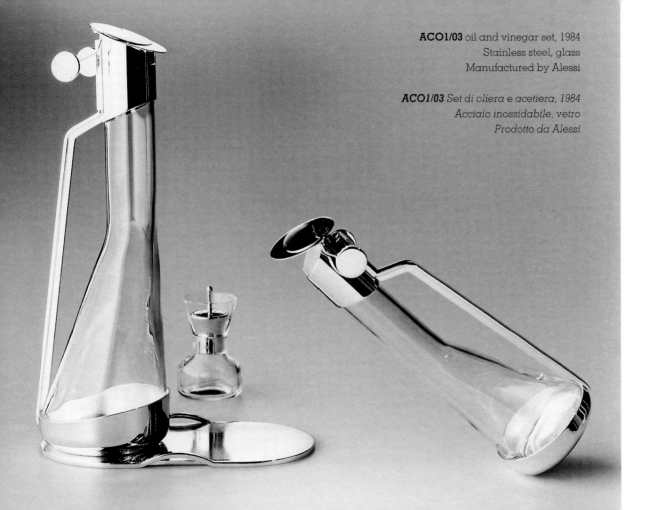

ACO1/03 oil and vinegar set, 1984
Stainless steel, glass
Manufactured by Alessi

ACO1/03 Set di oliera e acetiera, 1984
Acciaio inossidabile, vetro
Prodotto da Alessi

Castiglioni observed that the lid is usually
the most troublesome part of oil and
vinegar cruets. Once it is taken off, no one
knows what to do with it. He thus left the
lid hinged to the bottle and provided it with
two big metal ears that work as
counterweights. The ears keep the lid in a
horizontal position-open while the liquid is
poured, closed when the bottle returns
to an upright position.

*Castiglioni osservò che il tappo è in genere
la parte più problematica delle ampolle per
l'olio e l'aceto. Una volta che lo si toglie, non
si sa mai dove metterlo. Così decise di
lasciare il tappo attaccato all'ampolla per
mezzo di una cerniera e lo munì di due
grandi orecchie metalliche che fungono da
contrappeso. Le orecchie mantengono il
coperchio in perenne posizione orizzontale:
aperto quando il liquido viene versato,
chiuso quando l'ampolla torna in posizione
eretta.*

Camilla bench, 1984
Achille Castiglioni and
Giancarlo Pozzi
Steel, wood, laminate
Manufactured by Zanotta

Camilla panchina, 1984
Achille Castiglioni e
Giancarlo Pozzi
Acciaio, legno, laminato
Prodotto da Zanotta

Castiglioni again freely took a pre-existing object - a bench from a charming villa on a hill in Northern Italy - and redesigned it. The two-seat bench has a folding steel structure. The seat and back, traditionally made of wood, are finished in plastic laminate available in various colors.

Ancora una volta Castiglioni ha preso liberamente un oggetto preesistente – una panchina in un'incantevole villa su una collina dell'Italia Settentrionale – e l'ha ridisegnata. La panchina a due posti ha un telaio d'acciaio pieghevole. Il sedile e lo schienale, tradizionalmente di legno, sono rifiniti in laminato plastico disponibile in diversi colori.

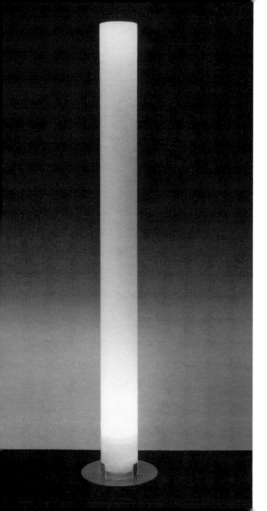

Stylos floor lamp, 1985 (1984)
Polymethylmetacrylate, steel
Manufactured by Flos

Stylos lampada a pavimento, 1985 (1984)
Polimetilmetacrilato, acciaio
Prodotta da Flos

A luminous column, Stylos has two
light sources, one at the foot and one
almost at the top, which can be lit
independently or together.

*Nient'altro che una colonna
luminosa, Stylos è dotata di due
sorgenti di luce, una alla base e una
quasi in cima, che possono essere
accese indipendentemente o
insieme.*

Riplissé ceiling lamp, 1988 (1985)
Blow-molded opaline glass
Manufactured by Flos

Riplissé lampada a soffitto, 1988 (1985)
Vetro opalino soffiato
Prodotta da Flos

The central light source, covered with a rounded glass shield, is surrounded by a crown of undulating sheet metal that also works as a reflector.

La sorgente luminosa centrale, coperta da uno schermo di vetro circolare, è circondata da una corona di metallo ondulato che funge anche da riflettore.

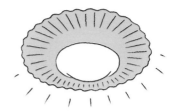

Taraxacum '88
hanging lamp, 1988
Aluminum, light bulbs
Manufactured by Flos

Taraxacum '88
lampada a soffitto, 1988
Alluminio, lampadine
Prodotta da Flos

Almost thirty years after his first Taraxacum or "dandelion", Castiglioni designed an updated high-tech version of his previous chandelier and gave it the same name. Taraxacum '88 is composed of twenty die-cast aluminum triangles, each accomodating three, six, or ten bulbs. It is produced in three sizes, with a total of sixty, one hundred and twenty, or two hundred bulbs.

Quasi trent'anni dopo il suo primo taraxacum (o dente di leone), Castiglioni disegnò una versione high-tech rinnovata del suo precedente lampadario e gli diede lo stesso nome. Taraxacum '88 è composto da venti triangoli di alluminio pressofuso, ciascuno contenente tre, sei o dieci lampadine. È prodotto in tre misure, con un totale di sessanta, centoventi o duecento lampadine.

Record wrist watch, 1989
Achille Castiglioni and Max Huber
Metal, textile band, glass
Manufactured by Alessi

Record orologio da polso, 1989
Achille Castiglioni e Max Huber
Metallo, cinturino in tessuto, vetro
Prodotto da Alessi

Borsalino hat, 1980, prototype
Rabbit-hair felt shaped
on pudding form
Manufactured by Borsalino

Borsalino cappello, 1980, prototipo
Feltro di pelo di coniglio sagomato
su una forma da budino
Prodotto da Borsalino

Record gets its name from its resemblance to an LP. The designers made the face as wide, the case as unobtrusive, and the numbers as readable as possible.

Record prende nome dalla sua somiglianza con un disco LP. I designer hanno portato ai limiti estremi l'ampiezza del quadrante, la discrezione della cassa e la leggibilità dei numeri.

The hat shown here is one of two prototypes, both shaped on aluminum pudding molds.

Il cappello è uno di due prototipi, entrambi sagomati su forme da budino.

Comodo bed table, 1989
Achille Castiglioni and Giancarlo Pozzi
Wood, steel
Manufactured by Interflex and Longoni

Comodo comodino, 1989
Achille Castiglioni e Giancarlo Pozzi
Legno, acciaio
Prodotto da Interflex e Longoni

Just like many of his other designs, Comodo expresses Castiglioni's desire to make people feel comfortable. As a matter of fact, comodo means "comfortable" in Italian. It is a redesign of a traditional working side table and it can be used to hold such things as knitting utensils, tools, or a stamp collection.

Come molti degli altri oggetti di Castiglioni, Comodo esprime il suo desiderio di far sentire la gente a proprio agio, come si evince dal nome stesso di questo comodino. È una rivisitazione di un tavolino laterale da lavoro e può essere usato per contenere oggetti come ferri da calza, attrezzi vari, o una collezione di francobolli.

Joy shelves, 1990
Wood, steel
Manufactured by Zanotta

Joy mensole, 1990
Legno, acciaio
Prodotte da Zanotta

Basello low table, 1987
Wood, steel
Manufactured by Zanotta

Basello tavolino basso, 1987
Legno, acciaio
Prodotto da Zanotta

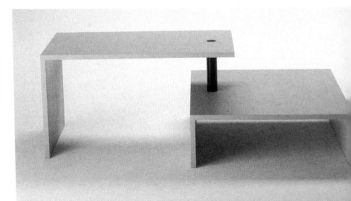

Joy is inspired by its smaller sibling Basello. The seven shelves are gathered in a convertible structure that can rest flat against a wall or triumphantly occupy the center of a room.

Joy si ispira al suo parente più piccolo, Basello. Le sette mensole sono raccolte in una struttura ribaltabile che può stare piatta contro un muro o occupare trionfalmente il centro di una stanza.

Basello means "step" in Milanese dialect. The two L-shaped shelves rotate around the steel column and transform Basello into a stool, a step, or a table with a built-in seat.

Basello significa "gradino" in milanese. I due ripiani a L ruotano intorno alla colonna d'acciaio e trasformano Basello in uno sgabello, una scaletta o un tavolo con un sedile incorporato.

Lungangolo bookshelves, 1991
Wood
Manufactured by Bernini

Lungangolo libreria, 1991
Legno
Prodotta da Bernini

Trio shelves, 1991
Achille Castiglioni and
Giancarlo Pozzi
Wood
Manufactured by Longoni

Trio scaffali, 1991
Achille Castiglioni e
Giancarlo Pozzi
Legno
Prodotti da Longoni

Lungangolo - meaning "long corner" - and Trio - meaning "threesome" - are contemporary variations on traditional wooden furnishings. Both pieces have distinct personalities, and both can be positioned in a corner. Lungangolo comes in right-handed and left-handed versions.

Lungangolo e Trio sono varianti contemporanee di arredi tradizionali in legno. Entrambi i pezzi hanno personalità distinte, e possono essere sistemati in un angolo. Lungangolo è previsto in una versione sinistra e una destra.

Polet chaise longue, 1992
Wood, handcrafted mattress
Manufactured by Interflex

Polet chaise longue, 1992
Legno, materasso lavorato a mano
Prodotto da Interflex

Po-let, poltrona-letto, armchair-bed. Polet is an armchair
with a very high back which can be positioned
horizontally to transform the seat into a bed.

*Po-let, poltrona-letto. Polet è una poltrona con
uno schienale molto alto che può essere
posizionato orizzontalmente per
trasformare il tutto in un letto.*

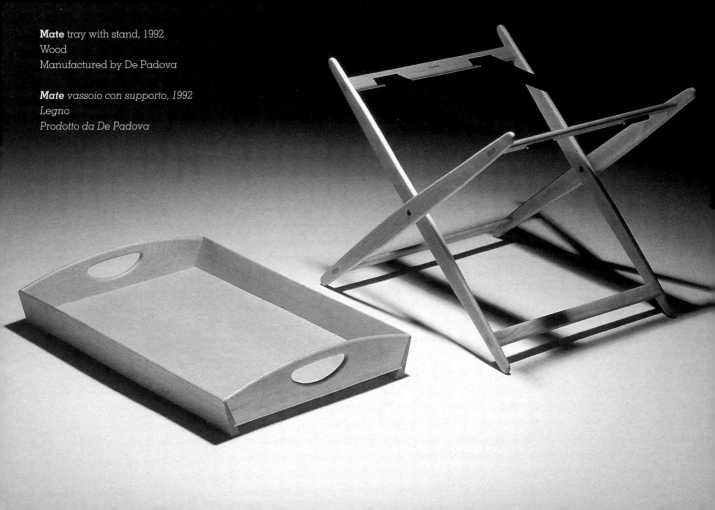

Mate tray with stand, 1992
Wood
Manufactured by De Padova

Mate vassoio con supporto, 1992
Legno
Prodotto da De Padova

Castiglioni called this tray Mate because it is in fact a good mate, meant to provide comfort. The removable upper tray rests on a base which is a redesign of the evergreen foldable wooden stools with cotton seats.

Castiglioni chiamò Mate questo vassoio perché in effetti è un buon compagno, il cui fine è la comodità. Il vassoio superiore, rimovibile, appoggia su una base che è la rivisitazione degli intramontabili sgabelli in legno con il sedile in tessuto.

Hilly sofa and seats, 1992
Polyurethane, fabric, wood, steel
Manufactured by Cassina

Hilly divano e sedili, 1992
Poliuretano, tessuto, legno, acciaio
Prodotto da Cassina

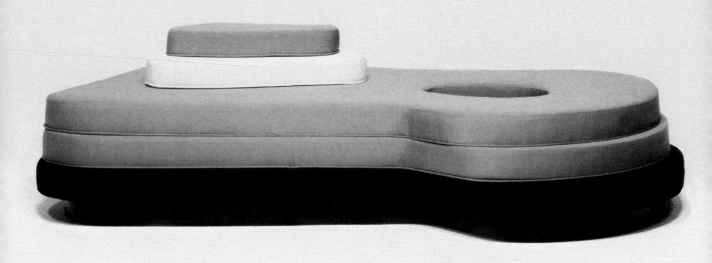

These distinctly topographical sofas and seats owe their name not only to their hilly appearance, but also to the letters at the center of the name Achille. "Hil" was already a trademark, so the name was expanded.

Questi divani e sedili estremamente topografici devono il loro nome non solo al loro aspetto collinoso, ma anche alle lettere al centro del nome Achille. Il marchio "Hil" esisteva già, e così il nome fu esteso.

Brera hanging and floor lamps, 1992
Acid-treated blown glass, steel, plastic
Manufactured by Flos

Brera lampada a soffitto e a pavimento, 1992
Vetro soffiato acidato, acciaio, plastica
Prodotta da Flos

Inspired by the ostrich egg, the symbol of the virginal
birth in Piero della Francesca's painting *The Madonna
and Child with Federico da Montefeltro*
(c. 1475), conserved in the Pinacoteca di Brera in Milan,
the egg-shaped diffuser is split in two parts held
together by a ring nut to assure easy access to the bulb
and to provide cooling.

*Ispirato all'uovo di struzzo, simbolo della verginità nel
dipinto di Piero della Francesca Madonna e Bambino
con Federico da Montefeltro (c. 1475), conservato alla
Pinacoteca di Brera di Milano, questo diffusore a forma
di uovo è diviso in due parti tenute insieme da un dado
ad anello per garantire un facile accesso alla
lampadina e un adeguato raffreddamento.*

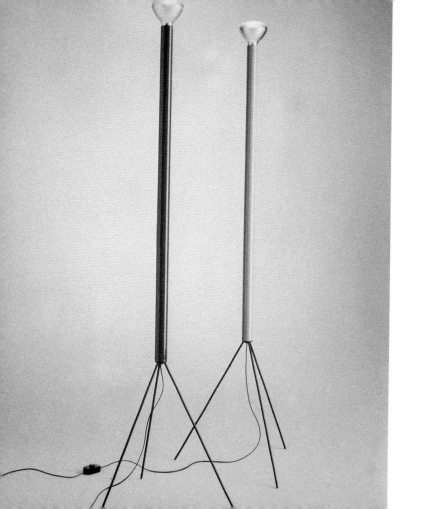

Luminator floor lamp, 1994 (1955)
Achille and Pier Giacomo Castiglioni
Steel
Manufactured by Gilardi & Barzaghi,
Artform, and Flos

Luminator lampada a pavimento, 1994 (1955)
Achille e Pier Giacomo Castiglioni
Acciaio
Prodotta da Gilardi & Barzaghi, Artform e Flos

As simple as a child's drawing, Luminator's main body is a tube just wide enough to accomodate the bulb socket. It rests on a tripod made of three sticks that can be easily stored and carried. The electric wire comes out from the bottom like a tail. This kind of indirect photographer's lighting was first suggested for domestic use by Pietro Chiesa with his Luminator (1993); in tribute, the Castiglionis also used that name.

Semplice come il disegno di un bambino, il corpo principale di Luminator è un tubo largo tanto quanto basta per contenere il portalampada, che appoggia su un treppiede costituito da tre bastoncini facilmente trasportabili. Il filo elettrico fuoriesce dal basso come una coda. Questo tipo di illuminazione indiretta per fotografi era stato proposto per uso domestico da Pietro Chiesa con la sua Luminator (1993); in suo onore, anche i fratelli Castiglioni usarono lo stesso nome.

Paro goblets, 1995 (1983)
Crystal
Manufactured by Danese and Alias

Paro calici, 1995 (1983)
Cristallo
Prodotti da Danese e Alias

Paro means "pair", and each goblet is in fact a pairing of a water goblet and a wine goblet carefully crafted by Italian glass masters.

Paro significa paio, e ciascun calice consiste in realtà di un accoppiamento tra un calice da acqua e uno da vino realizzati con cura da artigiani italiani del vetro.

AC04 fruitbowl, 1996 (1995)
Stainless steel and aluminum
Manufactured by Alessi

AC04 fruttiera, 1996 (1995)
Acciaio inossidabile e alluminio
Prodotto da Alessi

Spirale ashtrays, 1984 (1971)
Stainless steel
Manufactured by Alessi

Spirale posacenere, 1984 (1971)
Acciaio inossidabile
Prodotto da Alessi

A clever redesign of an existing ashtray, Spirale is a steel bowl fitted with a steel spring that serves as cigarette holder and which can be removed to easily clean the bowl.

Ingegnosa rivisitazione di un posacenere esistente, Spirale è una ciotola d'acciaio munita di una molla di acciaio che funge da appoggio per le sigarette e che può essere facilmente rimossa per pulire il posacenere.

The fruitbowl is equipped with a removable colander whit handles, to conveniently wash the fruit under running water.

La fruttiera è dotata di un colino asportabile con maniglie che consente di lavare più facilmente la frutta sotto l'acqua corrente.

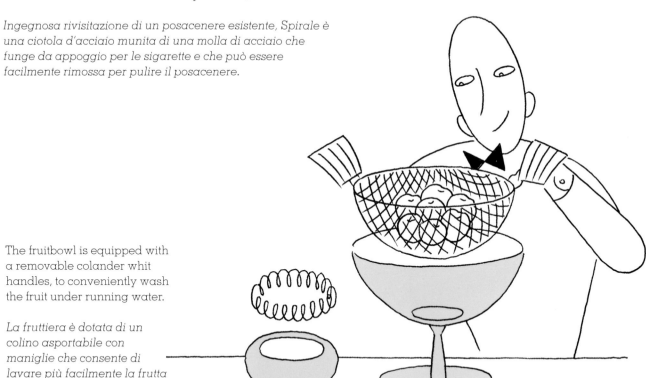

Orseggi glasses, 1996 (1965)
Achille and Pier Giacomo Castiglioni
with Luigi Veronelli
Crystal
Manufactured by
Arnolfo di Cambio and Alessi

Orseggi bicchieri, 1996 (1965)
Achille e Pier Giacomo Castiglioni,
con Luigi Veronelli
Cristallo
Prodotto da
Arnolfo di Cambio e Alessi

The name is a play on the word "sorseggi", meaning "sips", and it was suggested by Veronelli, a renowned Italian wine and food critic. With the exception of the basic water glass, all the glasses are sophisticatedly designed renderings of the character of the wine that they will hold, making the set a redesign of the most traditional wine glasses.

Il nome deriva da un gioco sulla parola "sorseggi", e fu suggerito da Veronelli, noto esperto italiano di vini e gastronomia. Con l'eccezione del bicchiere base da acqua, tutti i bicchieri rappresentano delle sofisticate interpretazioni del vino che sono destinati a contenere, trasformando il set in una riedizione dei più tradizionali bicchieri da vino.

Firenze wall clock, 1996 (1965)
Achille and Pier Giacomo
Castiglioni
ABS plastic
Manufactured by Alessi

Firenze orologio a parete,
1996 (1965)
Achille e Pier Giacomo
Castiglioni
ABS
Prodotto da Alessi

Named after the city where the prototype was presented in 1965, Firenze is the redesign of a classical wall clock, stripped down to its basic face. Once again, one has to look for the hidden expressionistic twist: the Roman numeral IV is misspelled "IIII".

Così chiamato in onore della città in cui fu presentato il prototipo nel 1965, Firenze è la riedizione di un orologio a parete classico, ridotto al solo quadrante. Ancora una volta, si deve cercare l'effetto espressionistico nascosto: il numero romano IV è volutamente scritto IIII.

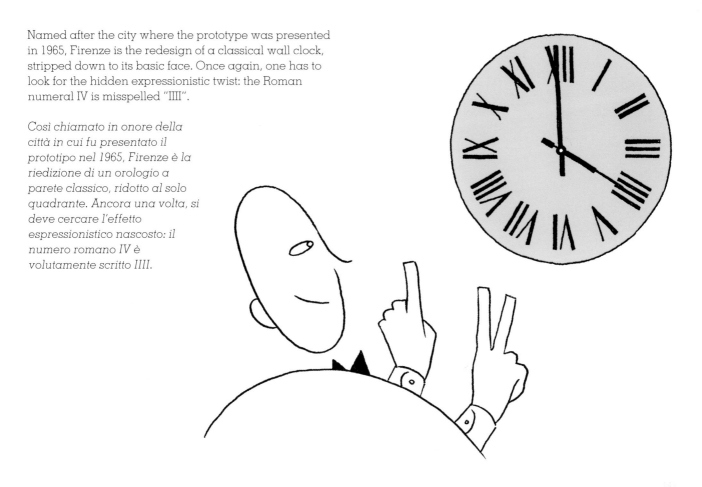

Mayonnaise Jar and Spoon, 1962
prototype
Achille and Pier Giacomo Castiglioni
Glass and plaster

Vasetto e cucchiaio per maionese, 1962
prototipo
Achille e Pier Giacomo Castiglioni
Vetro e gesso

Sleek mayonnaise spoon, 1996 (1962)
Achille and Pier Giacomo Castiglioni
Polymethylmetacrylate
Manufactured by Alessi

Sleek cucchiaio per maionese, 1996 (1962)
Achille e Pier Giacomo Castiglioni
Polimetilmetacrilato
Prodotto da Alessi

Originally conceived as a promotional object for Kraft mayonnaise, the spoon features at its tip the precise curvature of common jars and is cut straight on one side to better adhere to the walls of the jar, so that every last bit of mayo can be scooped out.

Concepito in origine come oggetto promozionale per la maionese Kraft, il cucchiaio si adatta alla perfezione, con la sua forma inusuale, alla curvatura dei comuni vasi di vetro, diritto su un lato e curvo sull'altro per aderire meglio alle pareti del vasetto, in modo che anche gli ultimi rimasugli di salsa possano essere estratti.

Milk Glass, 1996
Glass
Manufactured by
Ritzenhoff Cristall

Bicchiere da latte, *1996*
Vetro
Prodotto da
Ritzenhoff Cristall

Like several other designers, Castiglioni was asked to decorate a milk glass for a German manufacturer. He applied a white bar code which disappears when the glass is full of milk.

Come a molti altri designer, anche a Castiglioni fu chiesto di decorare un bicchiere per il latte per un'industria tedesca. Castiglioni applicò un codice a barre bianco che scompare quando il bicchiere è pieno di latte.

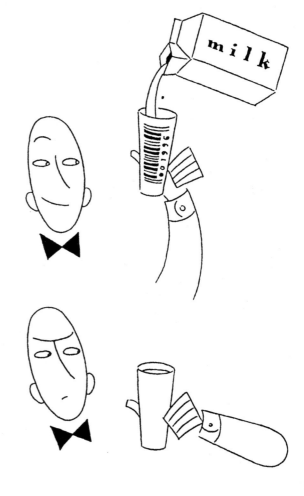

Amici napkin holders, 1996
Stainless steel or epoxy painted steel
Manufactured by Alessi

Amici portatovaglioli, 1996
*Acciaio inossidabile o acciaio smaltato
con vernici epossidiche
Prodotto da Alessi*

The Amici, which means "friends", were designed by Castiglioni on the occasion of a silent auction to benefit AIDS research, entitled "A Heart for a Friend," for which many designers and artists were asked to design heart-shaped objects. The strips of steel that form the hearts have a small hole to allow the steel to be dipped into the colored epoxy lacquers.

Gli Amici furono disegnati da Castiglioni in occasione di un'asta silenziosa a favore della ricerca sull'AIDS, intitolata "Un cuore per un amico", per la quale fu chiesto a diversi designer e artisti di progettare degli oggetti a forma di cuore. Le strisce di acciaio che formano i cuori hanno un piccolo foro per permettere l'immersione dell'acciaio nella lacca colorata.

Ondula fruitbowl, 1996
Stainless or painted steel
Manufactured by Alessi

Ondula fruttiera, 1996
Acciaio inossidabile o laccato
Prodotto da Alessi

Ala dust collector, 1996
Stainless steel
Manufactured by Alessi

Ala raccoglibriciole, 1996
Acciaio inossidabile
Prodotto da Alessi

An ala - or "wing" - of steel is simply bent from a plate, and becomes a receptacle to scoop crumbs and dust from the table.

Un'ala d'acciaio semplicemente ripiegata da un disco piatto diventa un ricettacolo per raccogliere briciole e polvere dalla tavola.

For this bowl, Castiglioni expressively used metal as if it were frozen in its liquid state; concentric onde - or "waves" - of steel solidify into a fruitbowl.

Per questa fruttiera, Castiglioni usò espressamente il metallo come se fosse stato congelato allo stato liquido: delle onde concentriche di acciaio si solidificano formando una fruttiera.

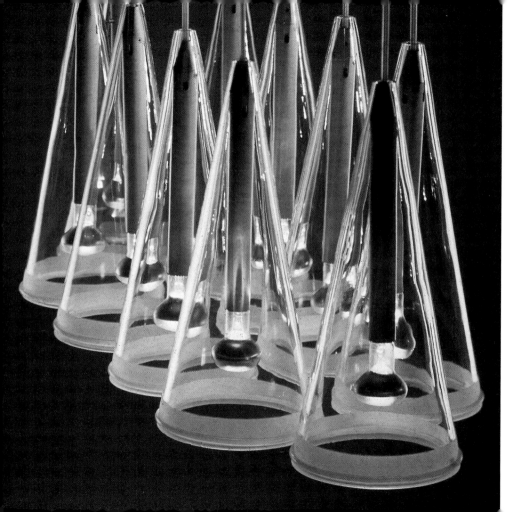

Fucsia hanging lamp, 1996
Glass, silicone, steel
Manufactured by Flos

Fucsia lampada a soffitto, 1996
Vetro, silicone, acciaio
Prodotta da Flos

The light source is contained within a reversed glass
cone, sanded at the bottom to avoid glare, whose edge is
protected by a silicone ring. The unit can be used alone or
arranged in compositions of three, eight, or twelve pieces.
Fucsia is named after the similarly shaped flower.

La sorgente di luce è contenuta all'interno di un cono
rovesciato di vetro, smerigliato alla base per evitare il
riverbero e munito di un anello di silicone per proteggere
il bordo. L'unità può essere usata da sola o in
composizioni di tre, otto o dodici pezzi. Il nome Fucsia
deriva dalla somiglianza al fiore dallo stesso nome.

Grand Prix cutlery, 1996 (1959)
Achille and Pier Giacomo Castiglioni
Stainless steel
Manufactured by
Reed & Barton and Alessi

Grand Prix posate, 1996 (1959)
Achille e Pier Giacomo Castiglioni
Acciaio inossidabile
Prodotte da
Reed & Barton e Alessi

The cutlery set is called Grand Prix because it was selected as first prize in a competition launched by the American company Reed & Barton.

Il set di posate è chiamato Grand Prix perché fu selezionato come primo premio in un concorso indetto dall'azienda americana Reed & Barton.

Bavero tableware, 1997
Porcelain
Manufactured by Alessi

Bavero servizio di piatti, 1997
Porcellana
Prodotte da Alessi

Bavero is the lapel of a jacket. All the flat pieces of this simple tableware, avaible only in white porcelain, are in fact surrounded by a gently sloping edge which looks like a lapel. The lapel is the result of the manufacturing process, transformed into a minimalist decoration.

Bavero come il bavero della giacca. Tutti i piatti, disponibili solo in porcellana bianca, sono circondati da un bordo leggermente spiovente che ricorda un bavero. Il bavero è il risultato del particolare processo di lavorazione, trasformato in un elemento decorativo minimalista.

Cubo
armchair, 1957
Cubo
poltrona, 1957

Sella
stool, 1983 (1957)
Sella
sgabello, 1983 (1957)

Libreria Appesa
hung bookshelves, 1966 (1957)
Libreria Appesa,1966 (1957)

Lamp, 1957
Lamp
lampada 1957

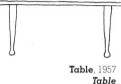

Handles, 1957
Handles
maniglie, 1957

Table, 1957
Table
tavolo, 1957

Colori e forme nella casa d'oggi (Colors
and Shapes in Today's Home)
Villa Olmo, Como, 1957

This fictional living room mixes older,
classic furniture with more recent products,
and combines Castiglioni designs with
found objects and fixtures of popular
culture. The environment reflects some of
Castiglioni's strongest convictions,
particularly the freedom of association he
consistently advocates when explaining
the design process. If objects are strong
and meaningful, they can coexist without a
common style.

The walls are decorated with a stencil by
Giuseppe Aimone.

Colori e forme nella casa d'oggi
Villa Olmo, Como, 1957

Questa ricostruzione di soggiorno unisce
vecchi, classici mobili con prodotti più
recenti e combina il design di Castiglioni
con oggetti trovati e strumenti della
cultura popolare. L'ambiente riflette
alcune delle più profonde convinzioni di
Castiglioni, in particolare la libertà di
associazione che Castiglioni
constantemente richiama quando spiega
il processo del design. Se gli oggetti hanno
una loro forte connotazione possono
coesistere senza uno stile comune.

Le pareti sono state decorate con uno
stencil di Giuseppe Aimone.

Wall Clock,
1965, prototype
Wall Clock
orologio da muro, 1965,
prototipo

Grand Prix
cutlery, 1996 (1959)
Grand Prix
posate, 1996 (1959)

Tric
folding chair, 1975 (1965)
Tric
sedia pieghevole, 1975 (1965)

Milano
table, 1964
Milano
tavolo, 1964

Beer glasses and **tray**, 1964
bicchieri da birra e **vassoio**, 1964

Black & White
hanging lamp, 1965
Black & White
lampada a sospensione, 1965

Rampa
dresser, 1965
Rampa
credenza, 1965

Ventosa
lamp, 1962
Ventosa
lampada, 1962

La casa abitata (The
inhabited home)
Palazzo Strozzi, Florence,
1965

On the occasion of this
exhibition about the domestic
environment, the Castiglioni
brothers designed an
elegant yet spare dining
room. The elements are few:
a lamp, a set table, a piece of
furniture on casters that can
be used on either side, as a
shelf or as a desk. Hanging
on the wall are an aluminum
ladder and the remains of a
Roman dwelling.

La casa abitata
Palazzo Strozzi, Florence,
1965

*In occasione della mostra
sull'ambiente domestico, i
fratelli Castiglioni
disegnarono una elegante
ma al tempo stesso semplice
sala da pranzo. Gli elementi
erano pochi: una lampada,
un set da tavola, un mobile
su ruote che poteva essere
usato in ogni lato sia come
ripiano che come scrivania.
Appese al muro c'erano una
scala in alluminio e un
reperto di palafitta.*

I'd like to thank Achille Castiglioni for his ingenious objects, Marzia and Maurizio Corraini for their friendship and faith in my inkstains, Paola Antonelli for her pure vision, Italo Lupi for being the modest mastermind of Italian graphic design, and to my Italian "brother" Stefano Valabrega, for the keys to Milan and his house.

Vorrei ringraziare Achille Castiglioni per i suoi oggetti geniali, Marzia e Maurizio Corraini per la loro amicizia e fede nelle mie macchie di china, Paola Antonelli per la sua visione, Italo Lupi per essere il cervellone modesto della grafica italiana, e Stefano Valabrego, mio "fratello" Italiano per le chiavi a Milano e la sua casa.

steven guarnaccia

Steven Guarnaccia is an illustrator and designer whose work has appeared in books and magazines, on greeting cards for the Museum of Modern Art and on clothing for Swatch. He also designs rugs, ties and jewelry. His drawings appear regularly in The New York Times, Abitare and other publications. He has illustrated two collections of palindromes, Madam I'm Adam and If I Had a HiFi, and the children's books, Naming the Animals and Busy Busy City Street.

His pop-up book, Skeleton Closet, was published by Hyperion in October, 1996, and his picture book, Goldilocks and The Three Bears: A Tale Moderne was awarded a prize at the 2000 Bologna Children's Book Fair. His children's books, Skeleton Closet and Busy Busy City Street was selected by the AIGA as two of the 50 Books of the Year. He is the co-author with Bob Sloan of A Stiff Drink and a Close Shave and HiFis and HiBalls, and with Steven Heller of School Days and Designing For Children.

Steven has had one-person shows in New York, Toronto and Milan. He has received awards from the New York Art Directors Club, the Society of Newspaper Designers, the AIGA and other professional organizations.

He taught at the Parsons School of Design for ten years, and is currently on the faculty of the MFA Design Program at the School of Visual Arts. He has designed a series of murals for Disney Cruise Lines, as well as products, including Box-O-Clox, a cardboard clock, and Roboboy and Lucky Pig, two watches for Swatch. Steven was a Hallmark Fellow to the Aspen Design Conference in 1990.

He lives in Montclair, New Jersey with his wife,Susan, a graphic designer, and their son, Jasper.

I lavori di Steven Guarnaccia, illustratore e designer, appaiono su libri, riviste, biglietti d'auguri del MoMa di New York e oggetti. Disegna tappeti, cravatte e gioielli. Le sue illustrazioni appaiono sul New York Times, Abitare e altre riviste. Ha illustrato 2 collezioni di palindromi Madam I'm Adam e If I Had a HiFi, e libri per bambini (Naming the animals, Busy Busy City Street, il pop-up Skeleton Closet pubblicato nel 1996 da Hyperion e Riccioli d'oro e i tre Orsi, pubblicato in italiano dalla Maurizio Corraini). Steven Guarnaccia ha vinto il Bologna Ragazzi Award 2000 per la sezione Arte Novità.

Sul lavoro di Steven Guarnaccia sono state fatte mostre a New York, Toronto, Milano. Ha ricevuto premi (riconoscimenti) dal New York Art Directors Club, dalla Society of Newspaper Designers, da AIGA e altre organizzazioni professionali.

Ha insegnato alla Parson School of Design e ora insegna presso la facoltà del MFA Design Program of Visual Arts. Ha ultimamente disegnato una serie di murales per la Disney Cruise Lines e diversi oggetti per importanti aziende.

Vive a Montclair, New Jersey con sua moglie Susan, graphic designer, e suo figlio Jasper.

Paola Antonelli joined The Museum of Modern Art in February 1994 and is a Curator in the Department of Architecture and Design. Her first acclaimed exhibition for MoMA, Mutant Materials in Contemporary Design (1995), was followed by Thresholds: Contemporary Design from the Netherlands (1996), Achille Castiglioni: Design! (1997- 98), and Projects 66: Campana/Ingo Maurer (1999).

Her new exhibitions, Matter and Workspheres: Designing the Workplace of Tomorrow opened at MoMA on September 29, 2000 and February 8, 2001.

The recipient of a Master's degree in Architecture from the Polytechnic of Milan in 1990, Paola Antonelli has curated several architecture and design exhibitions in Italy, France, and Japan. She has been a Contributing Editor for Domus magazine (1987-91) and the Design Editor of Abitare (1992-94). She has also contributed articles to several publications, among them Metropolis, I.D. magazine, Paper, Metropolitan Home, Harper's Bazaar and Nest.

From 1991 to 1993, Paola Antonelli was a Lecturer at the University of California, Los Angeles, where she taught design history and theory. She has lectured on design and architecture in Europe and the United States and has served on several international architecture and design juries.

Paola Antonelli, whose goal is to make design the most loved, understood, and celebrated discipline of the XXI century, is currently working on an a cycle of exhibitions about the collection of MoMA from 1960 to today, in collaboration with Kirk Varnedoe and Josh Siegel; on an exhibition about the design of the workplace of the future; on a book about foods from all over the world as examples of outstanding design; and on trying to get a Boeing 747 into the collection of The Museum of Modern Art.

Paola Antonelli curatore del Dipartimento di Architettura e Design del MoMa di New York dal 1994 ha organizzato alcune delle più importanti mostre legate al mondo del design: "Mutant material in Contemporary Design" 1995, "Thresholds: Contemporary Design from the Netherlands 1996, Achille Castiglioni: Design! 1997-98, and "Projects 66: Campana/Ingo Maurer 1999.

La sua ultima mostra "Matter and Workspheres: Designing the Workplace of Tomorrow" è stata inaugurata nello scorso settembre.

Nel 1990 ha ricevuto un Master in Architettura dal Politecnico di Milano e ha curato la realizzazione di alcune mostre di architettura e design in Italia, Francia e Giappone.

Ha collaborato come Contributing Editor per la rivista Domus (1987-91) e come Design Editor per Abitare (1992-94), ha scritto articoli per Metropolis, I.D., Paper, Metropolitan Home, Harper's Bazaar and Nest. Dal 1991 al 1993 ha tenuto corsi di storia e teoria alla University of California, Los Angeles. Ha tenuto conferenze sul design e sull'architettura in Europa e negli Stati Uniti e ha fatto parte delle giurie in diversi concorsi internazionali.

Paola Antonelli sta ora lavorando su diversi progetti e mostre: una mostra sulla collezione del MoMa dal 1960 ad oggi ed un libro sul cibo proveniente da tutto il mondo come straordinario esempio di design.

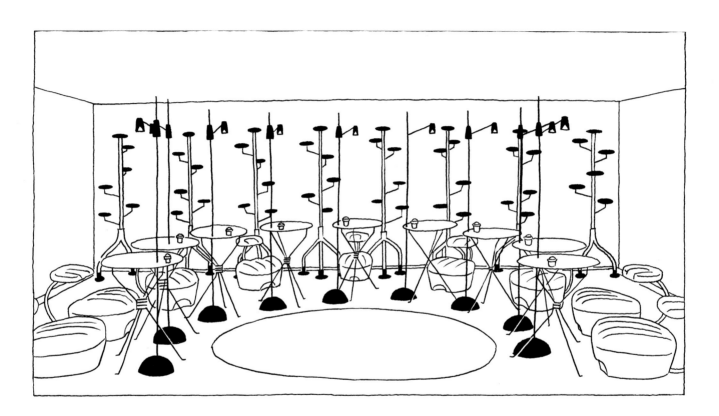

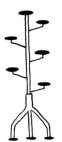

Albero plant vase rack, 1983
Lacquered steel
Manufactured by Zanotta

Albero *portavasi, 1983*
Acciaio laccato
Prodotto da Zanotta

Lamp, 1984
Steel

Lamp *lampada da lettura*
1984
Acciaio

In the exhibition Italian Furnishings in Tokyo, six designers were each assigned a space of 18x12' to create a domestic installation that acted as a meeting point between Western and Eastern cultures. Castiglioni designated a Cumano table for each guest, and a Primate seat, inspired by the traditional Japanese kneeling position. The table is set with Dry cutlery, Bavero dishes, ACO glass salt shaker, a Phil oil and vinegar set, and Ovio glasses. The floor is decorated with a laminate panel designed by Aoi Huber-Kono.
Nine stem lamps, a row of Alberos, and a few Noce lamps complete the picture.

Cumano table, 1977
Steel, nylon
Manufactured by Zanotta

Cumano *tavolo, 1977*
Acciaio, nylon
Prodotto da Zanotta

Phil cheese pot, 1982
Glass, stainless steel
Manufactured by Alessi

Phil *formaggiera, 1982*
Vetro, acciaio inossidabile
Prodotto da Alessi

Nella mostra Italian Furnishings a Tokyo a sei designer fu assegnato il compito di allestire uno spazio domestico che doveva essere un punto di incontro tra la cultura occidentale ed orientale. Castiglioni disegnò un tavolo Cumano per ogni ospite, un sedile Primate ispirato alla tradizionale seduta giapponese. Il tavolo era apparecchiato con posate Dry, piatti Bavero, salino in vetro ACO, un set di oliera e acetiera Phil, e bicchieri Ovio. Il pavimento era decorato da Aoi Huber-Kono.
Nove lampade da lettura, una fila di portavasi Albero e alcune lampade Noce completano l'immagine.

Primate seat, 1970
Baydur, polystyrene,
polyurethane, stainless steel
Manufactured by Zanotta

Primate *sedile, 1970*
Baydur, polistirolo, poliuretano,
acciaio inossidabile.
Prodotto da Zanotta

Ringraziamo Achille Castiglioni e gli assistenti del suo studio:
Dianella Gobbato, Antonella Gornati, Marco Remigio, per aver
seguito con intelligenza e simpatia la costruzione di questo libro e per
averci puntualmente fornito notizie e materiale fotografico.

Le fotografie fornite dallo studio Castiglioni provengono in parte dalle
ditte: Zanotta, Flos, Alessi.

Referenze fotografiche: Aldo Ballo, Masera, Raimondi, Marino
Ramazzotti, Ramazzotti & Stucchi.

Traduzione dall'inglese: Laura Cangemi, Giovanna Ballin
Traduzione in inglese: Isobel Butters

Ideazione e costruzione grafica del libro Marzia e Maurizio Corraini

stampato in Italia da Intergrafica Verona

Maurizio Corraini srl
via Ippolito Nievo 7/A
46100 Mantova
Tel. 0039 0376 322753 - fax 0039 0376 365566
e-mail sito@corraini.com
www.corraini.com